LOCUS

LOCUS

LOCUS

LOCUS

catch

catch your eyes ; catch your heart ; catch your mind······

catch 51　恐龍蜥蜴ㄟ罔愛——BBS兩性白皮書

作者：曰仔　　插畫：BO2

責任編輯：何若文

美術編輯：何萍萍

法律顧問：全理法律事務所董安丹律師

出版者：大塊文化出版股份有限公司

台北市105南京東路四段25號11樓

www.locuspublishing.com

讀者服務專線：0800-006689

TEL：(02) 87123898　　FAX：(02) 87123897

郵撥帳號：18955675　　戶名：大塊文化出版股份有限公司

e-mail:locus@locuspublishing.com

行政院新聞局局版北市業字第706號

總經銷：大和書報圖書股份有限公司

地址：台北縣三重市大智路139號

TEL：(02) 29818089 (代表號)

FAX：(02) 29883028　29813049

製版：瑞豐實業股份有限公司

初版一刷：2002年9月

定價：新台幣 180 元

ISBN 986-7975-48-0

Printed in Taiwan

BBS兩性白皮書

恐龍 蜥蜴 罔愛ㄟ

發言人：臼仔
Re：恐龍蜥蜴ㄟ罔愛

臼仔 著

目錄

序1　男生與女生的文字戰場

選擇網際網路這個行業，與我個人的生活經驗有很大的關係。記得從大學開始，學習怎麼上網，第一個學到的不是如何上奇摩、蕃薯藤這些大型的入口網站，而是從學校的BBS討論站開始，我喜歡看著人們盡情討論對許多事物的看法和生活經驗的交流。雖然不太與人互動，但是靜靜地看著來自四面八方的人在網路上相遇，這種感覺是特別的。而BBS中自由與分享及人人平等的精神，也是我們現實生活中很少有機會體會到的部分。

傳統BBS的介面，讓許多只會使用IE瀏覽器的人，錯過了這個精采的世界。因此學子曰聯播網一開始創造的，就是一個web化的BBS（http://www.bbs99.com），希望藉由這樣便利的平台，讓大家都有機會接觸這個網路上特別的地方。而後來建立的奇虎聊天室（http://www.kehoo.com），也是希望提供大家一個歡樂且能夠與人分享生活的平台。很幸運的這一路走來，我們有機會陪伴許多網友經歷了許多生活中的喜怒哀樂。本書的作者曰仔，是學子曰聯播網的電子虛擬人物，其實就是學子曰聯播網工作人員的縮影，我們希望有機會能帶著大家進入這個豐富的網路世界，因而與大塊文化有了這次合作。

愛情是生命中重要的課題，也是網路中最熱門，最被關注的話題。因此我們決定就從此開始，帶著大家看看網路上的男男女女的感情世界，以及大家在這沒有疆界的國度所經歷的種種。我們收集了網路上男生女生討論的熱門話題，集結歸納，讓大

家了解到網路世界中，男生和女生是用什麼樣不同的觀點，去看兩性間的處女情結、第三者介入、恐龍妹和蜥蜴男的戰爭……等相關話題。

為了幫助許多對網路不熟悉又想進入的讀者，我們編寫了網路交友之實戰手冊，讓讀者能一窺網路上，男女交友各式各樣的模式，含基本的網路聊天禮儀、網路交友到網戀。

希望藉由這一本書的出版，也讓一般的讀者能夠了解到e世代的族群，在網路虛擬的電子世界中，對於男生女生話題另類的想法，也讓一般的讀者藉由文字的陳述了解網路世界中，男女交往虛虛實實的感情空間，並發現網路可愛的地方。希望看完這本書的每一個人，都成為我們網路上的好朋友。曰仔在網路上等著大家喔！

我們網路上見！

學子曰聯播網行銷企劃部經理　　彭思齊

最靠近學生的媒體　學子曰聯播網
（www.bbs99.com； www.kehoo.com）

序2　恐龍蜥蜴的網愛

男女的戰爭，是永恆的故事。不一樣的時代，有不一樣的說法；不一樣的地方，也有不一樣的版本：BBS讓男人女人的戰爭，有了全新的版圖。

沒幾年的時間，網路改變了人類的生活模式；BBS則使得談情說愛，變得更加有趣，也更危機四伏——因為那是一個充滿了恐龍與蜥蜴的侏儸紀世界，因為那是一個每個暱稱都如此幽默與令人怦然心動的世界、每一張嘴都如此油滑甜蜜、明知不該相信卻又期待奇蹟會出現；然而，出現的永遠是恐龍與蜥蜴。沒想到是在BBS上瞭解到：期待與失望的循環，竟是我人生的主要調性。

BBS真的是一個Brave New World，一個全新的世界，一個讓恐龍與蜥蜴敢重現江湖的烏托邦！這真是一個福音，但——請別把它搞爛了！

網路的愛戀世界，也一樣要尊重人，一樣要有正確的兩性觀，一樣要有禮貌！這本《恐龍蜥蜴ㄟ罔愛——BBS兩性白皮書》，讓BBS恢復適合人類居住的機能，讓真正的男人女人覺得舒服，讓談情聊天、說愛哈啦是一種享受——不必動不動就遇到色情狂，就想吃妳（你）豆腐，就幻想跟妳（你）上床。來，大家一起來，讓BBS成為一個有禮貌的地方。就從這本書開始，讓我們學習做一隻優雅可愛的恐龍與蜥蜴吧。

兩性專家　歐陽晧

序3　在未來無限長的情路上戰無不克

雖然談過幾次戀愛，但愛情這玩意兒實在無法用經驗比值學到成長，無論是轟轟烈烈亦或細水長流，總是在白痴的過程與無奈的錯愕下收場……感情，特別是男女之間，實在是人生最有趣的課題，它不分年齡，無關歷練，總是在我們毫無防備下就悄悄地降臨，待意識到時，往往已經不可自拔地身陷！不過不也因為如此，生命才更多樣精采嗎？

和過去不同的是，愛苗的滋生早已跳脫了古早的媒妁之言或八股相親，同儕共事，冤家偶遇，甚至通訊網路，無處不是發生戀情的可能，尤其透過看不見的網際網路，更給人帶來無限綺麗的遐想空間，管你俊男美女、帥哥辣妹、蜥蜴男還是恐龍妹，全都一視同仁，在BBS或是各式各樣的情愛聊天室中，受青睞的不再是個人的學歷長相身分才識，只要言之有物，深入人心，你就是最搶手的對象。當然，在聊天室裡也是一個抒發己見，分享自身戀情美好苦澀的一個最佳園地！交朋友談戀愛，也不再有制式的規矩，反而更能讓思緒自由自在地飛揚起舞！

此番《恐龍蜥蜴ㄟ罔愛──BBS兩性白皮書》的出版，相信是所有未曾或現正戀愛中男女的葵花寶典，必讀聖經，期間可以讀到許多自身的，聽聞的似曾相識的觀感心情，也能從中擷取網友們的經驗法則，讓你在未來無限長的情路上戰無不克，希望和各位讀者們共勉之囉！

節目主持人　林正青

1

網路侏儸紀，
恐龍妹vs.蜥蜴男！

——網路上都是恐龍和蜥蜴嗎？

壹零，對不起，
我辦不到！

桔輪，今天是我們
第一次約會，你怎
麼都不看我？你回
過頭來看看我嘛！

發言人：需要去收驚的小歪
標題：網路上真的有恐龍！

靠～～今天是我第六次和網友見面，真的是讓我嚇死了！

光是她的噸位（我特別強調是以噸為計算單位）

就是我的好幾倍了，原本173公分64公斤的我，

在她的面前一站，成了一根瘦竹竿。

在網路上她真的很會聊，

還跟我說她是一個很可愛、很討人喜歡的女孩，

講起電話來聲音嗲嗲的像個小孩子。

讓我心裡燃起了小小的愛火，

鼓起了我最大的勇氣去相信，

我之前見過的那幾個長相抱歉的網友，

不會是網路世界中的全部，

網路上還是有天真美麗又單純的女生的。

結果在今晚，我受到了前所未有的最大打擊！

那讓我朝思暮想的AMY，身高大概一百六十幾吧，

體重竟然可以到八十幾公斤也許已經有九十了～

（難怪她一直跟我說她有36D）

本來計劃去一家浪漫的義大利餐廳，

我斷然決定到車站旁的麥當勞趕快結束這一切，

點餐的時候我還好心地問了她一句，

要不要兩份全餐？不然我怕妳餓著了。

不過她很客氣地說：不用，一份就夠了，飲料換奶昔好了～我最
喜歡草莓口味的喔！另外再加個蘋果派還有一個玉米濃湯，就這
樣吧。

我頭低低地趕快把餐點完，

深怕見到櫃台小姐愛憐的眼神，我會忍不住奪門而出。

坐座位的時候，我還特別找一個角落一點的位子，

她一個人占了近兩個人的位子，幸好我不用坐她旁邊不然一定會被擠下去。

當她用細細的眼睛看著我，再加上滿臉坑坑疤疤的青春痘，

讓我想起了小學的時候曾經用超高倍的望遠鏡看月亮。

不過再怎麼樣也沒有像現在這個時候這麼靠近地看月球表面。

吃東西的時候她一直說話，看到她邊吃東西邊說話，

我決定不吃我的薯條了，因為我的薯條上都是從她嘴裡噴出的奶昔。嗯～～～

她還說：我不太和網友出去的，因為我覺得很多網友都很色！

（感謝主她不常出來嚇人）像你剛剛眼神就怪怪的。

我張大眼睛說：我，不會吧？（被她看出我很想逃出這裡嗎）

她立刻回到：還說沒有，剛剛在點餐的時候，就一直低著頭看，

你以為我不知道你在看什麼嗎，小色狼一直盯著人家胸部看！

（天地良心～我還怕我眼睛瞎了呢）

她又說：我才不會第一次出去就跟網友怎麼樣呢！除非是我喜歡的人。（還好我不喜歡她）

當她問我說：你怎麼不太說話，你最喜歡看的電影是什麼？

我直覺反應的回答：酷斯拉！（因為這一幕讓我想起了懷孕的酷斯拉吃掉整座魚山的經典畫面）

她也回答說：我也很喜歡看喔！原來你喜歡看動作片啊！然後又繼續她的自言自語了。

吃完東西以後，我立刻快步離開麥當勞。

出了門她就說：接下來我們還要去哪裡呢？去看電影還是看夜景，我想我們還是先去逛逛，再去那裡吧！我不喜歡太直接！

「那裡」是什麼地方，我想都不敢想，馬上說：很抱歉！我還有一份報告在趕，這是有關我能不能畢業的重要報告，我想下次再見面好了，我還要趕回去寫報告。

說完我也不等她回話，立刻掉頭就走。

還走得特別快，深怕她追上來。

這就是我悲慘的第六次和網友見面，比起前幾次的約會，

我想她們都還比較可以算得上是正常人！

原諒我這樣直接地寫出來，

但是我今天受到的驚嚇，已經讓我再也不敢和網友見面了。

如果下次誰聽到我還要和什麼網友見面。

不要客氣把這一篇回文給我。我一定會再閉關三年的。

發言人：正義的路人甲
Re：網路上真的有恐龍！

世界上就是會有很多人，因為自己的條件不好，

所以才來網路上聊天。

說什麼要多交一些朋友，根本就是屁話！

如果你的條件很好的話，

在現實的生活中，交往的對象相對就會變很多，

那也早就找到適合的對象了，哪還需要上網找？

所以我想你也不會好到哪裡去吧！還說別人是恐龍妹勒！ㄎㄟˊ

發言人：情場沙手
Re：網路上真的有恐龍！

我曾經見過一個網友…她說她153公分…73公斤…

我本來以為她是在騙我…結果真的在騙我…

我覺得她根本不只73公斤啦～而且她說別人說她是可愛型的……

我覺得一點也不可愛啦～～～真是見鬼了我……

你說的會不會是同一個？

>_<　發言人：為AMY抱不平 ～～吼～～

Re：網路上真的有恐龍！

你們這些臭男生真的是太過分了，這樣子就說人家是恐龍。

自己也沒有先問清楚，

聽到人家很可愛很多人喜歡，聲音又嗲就要約人家。

結果還在網路上損人家，自己也不想想自己長什麼樣!?

要找美女早就被追走了，還妄想在網路上找得到!?臭蜥蜴>_<……

\-_-　發言人：不屑醜男的脫俗美女

Re：網路上真的有恐龍！

你們這些醜男人，

在罵我們女生是恐龍前，

不會先去照照你家的鏡子嗎？

在網路上只會問什麼身高、長相啦，

三圍又是多少啦，

你們只會用下半身思考嗎？

占不到便宜就在那邊嚷嚷，

不看看自己長那副德行，

還幻想那個美女會愛上你，作夢！！

^_^　發言人：美女生物研究生

Re：網路上真的有恐龍！

親愛的妹妹們，這樣不行喔！

當然要誠實形容自己的臉蛋身材啊！
別再整天說妳的眼睛像「陳穢淋」，
鼻子可媲美「孫厭孳」，
還有「蔡一鱗」般的性感厚唇，
害哥哥我心裡小鹿亂撞、亂跑、亂起肖，
結果一見面…心如止水，雲淡風輕，
完全不被世俗所纏擾……
所以妳們要乖乖地說實話，
讓我能依界門綱目科屬種將妹妹分類喔！
對了，樓上的脫俗美女，
今晚有空嗎？？……^_^

發言人：channel v
Re：網路上真的有恐龍！

拜託！這個沒有我上次遇到的蜥蜴恐怖吧！
你們這些男生也不看看自己的長相，
沒事還出來嚇人。
說什麼自己帥得像言承旭，我看到的時候差點噴飯！
真的很像…………像柯賜海扮的言承旭！
臉睛還真像蜥蜴細細長長的，我當場決定走人！
其實我很多朋友也是在網路上認識了男朋友，
他們兩個不一定是帥哥美女，
可是人都很nice，
相處久了你就知道他們真的是不錯的人。
所以在網路上交友，如果只想找美女帥哥，
我想這種人，永遠找不到真心的朋友！

po這篇文的，請你自己好好想想吧！

發言人：怒火中燒的AMY
Re：網路上真的有恐龍！

你真的太過分了！！
竟然把我們的見面公諸於世，
還把我說成可怕的恐龍，嗚……
我以後怎麼有臉見人啊？？
當初還不是因為你的千呼萬喚，
用盡了花言巧語把我騙出來，
見到面之後就變了一個人，
還把我一人丟在路邊自己落跑，嗚……
你這缺德的爛男人，
以後就不要在路上被我遇到！！凸*_*凸

常常在網路上看到許多網友最大的夢魘，就是和網友見面的時候遇到恐龍，讓人不禁懷疑，網路世界是不是還在史前的侏儸紀時代，到處都是恐龍，不然就是大蜥蜴！

當然這些網路上的恐龍族群還可以分成好幾種：

雷龍：

光聽名字就知道，是屬於恐龍中噸位最大的，坐上摩托車，會佔掉大半的椅座，讓你幾乎蹲在踏板上騎車，運氣不好的話，你的避震器還會斷掉。但基本上屬於草食性，無害。也是網路上發現的第一種恐龍生物。

迅猛龍：

屬於短小精幹，醜陋無比的一種恐龍，攻擊力強，連續攻擊速度快，只要一被她盯上了，你就被纏住了，保證讓你體無完膚。這在網路上屬於衍生種恐龍。

暴龍：

最大型的肉食性恐龍，噸位大，個性殘暴，只要被她盯上的獵物，要脫身幾乎是不可能的事，大部份遇見暴龍級的網友，從此都會在網路上消聲匿跡，再也不會用那個網路暱稱出現在網路上。一見到暴龍級網友上線，立刻把網路線拔掉，也許還會找警方尋求保護。

恐龍蜥蜴大易辨識法

網路上的恐龍族真的有很多嗎？根據BBS99.COM學子曰聯播網的調查結果顯示，其實不然。

大部份的網友都還不錯，只是有少數的恐龍族。而網路上所佔的恐龍妹，也遠比蜥蜴男少得多了，比例大約相差一倍以上。

那為什麼大家都會覺得網路恐龍多呢？

主要是因為在網路上美女辣妹的照片到處都有，舉凡情色貼圖到辣妹寫真，光打「辣妹」二字，你就可以搜尋到一卡車的美女照片，所以在幻想的時候總會把對方想得比較完美，失望的程度也就大得多了。

其實在網路上稱得上恐龍級的也還只是少部份而已，而

留下這條尾巴是什麼意思嘛!?真是太過分了，約了人家還落跑～

且還是有方法去辨別恐龍的，以下就提供大家一些分辨恐龍的方法，提早發現，避免被咬到。

恐龍妹的特點：

◆常會說「人家有很多人在追喔」。（表明自己很有行情）

◆暱稱常常會有一個「小」字的。（如小傻瓜、小可愛）

◆掛在站上的時間超長，就像7-11隨時在你身邊。

◆聊過一次以後，絕不會忘了你的。

◆常用特別符號的。（如^o^、@_@）

◆絕不會漏了回你丟的Message。

◆超會聊天哈啦，隨便一聊就可以聊個二小時以上。

◆常會隨便給電話。

◆常抱怨她的朋友不好的。

◆常說自己人很好，很不錯。

◆非常主動、很活潑。

◆常常在站上拉（咬）著你不放。

◆一約她，她馬上答應你要出來的。

當然女生不想遇到蜥蜴男的話，也可以從聊天中看出一些徵兆。

蜥蜴男的特點：

◆會用暱稱表明自己很帥的。（例如：帥到會昏倒、讓

木村拓栽自卑的猛男）

◆同時開很多視窗和很多人講話。

◆同時用兩個ID以上的名字上網。

◆打字速度超快的，你還沒打完一句他已經丟了三句話。

◆只要有人一上線馬上和你打招呼。

◆呼叫妳好多次死不放棄的。

◆自我介紹非常吸引人的，說自己很有內涵。

◆三句話後馬上就問妳有沒有男朋友。

◆常常失戀而且失戀故事都很感人。

◆對於長相、身高、體重絕口不提。

◆常常跟妳說他剛分手現在很寂寞。

◆大肆批評他某個很帥但很花心的朋友。

◆願意大老遠來見妳一面，說要請妳吃飯看電影。

◆死命想要約妳出來的。

◆Talk一次就跟妳要電話的。

◆常說他身邊沒有美女的。

◆說自己對女孩子很溫柔體貼的。（這是他唯一「可能有」的優點）

◆當別人問他長得怎樣的時候，他說他很斯文很斯文……

只要遵照這些法則，細心去分辨，你就可以避免在網路世界中，遇到恐龍和蜥蜴了。

不過日仔還是要提醒你，最重要的是要改變自己的心態，不要單單地以貌取人，無論是恐龍或是蜥蜴，也是有一顆善良的心喔！

還有不要把標準訂得太高，要記住期望愈高，失望也愈大，建議做朋友時就見面，不要等到都在網路上叫「小親親」了才見面，如果真的見到的是恐龍和蜥蜴，就怕你親不下去了。

失戀大不同

——心痛總在分手後

為什麼我又失戀了？
為什麼～為什麼？

歡迎歡迎歡迎你！舊
會員可享會費五折優
待ㄛ！

恭喜你再度成為「可
憐沒人愛俱樂部」的
會員！

T_T　　發言人：也許太傻
　　　　標題：我的情人節～～失戀紀念日

那天約在你家巷口的公園見面，知道你忙得沒時間陪我過情人節，我不生氣，因為你說，你有話要告訴我……抱著打了半個多月的圍巾，想到你一定會抱著我說：「妳知道的，我沒法形容我有多愛妳…」我無法抑制嘴角的微笑。
二月清楚的寒意中飄著細雨，看著你漸漸走近的身影……

「對不起……」你說。我搖搖頭說：「辛苦你了！不用道歉啊！你餓不餓？我們去……」
「對不起……我們分手吧…」你說。就這樣靜靜地離開，沒有留下任何理由，沒有任何提示，讓我知道，我到底哪裡做錯了……

「對不起……我們分手吧……」也許是因為我太任性，是我忽略了你的感受，我太常無理取鬧，如果可以，我願意改變這一切，只要你回到我身邊…我就是這麼天真的認為，認為我的愛對你來說太沈重，你只能選擇放棄，選擇逃避……

兩個多月沒見面，尷尬的陌生仍無法掩蓋我心中的疑惑，「為什麼……到底是為什麼，求求你告訴我？」一片凍結的沈默。你緩緩地開口說：「我真的不想傷害妳，我曾經以為我愛妳……但是，我漸漸發現，我愛的是她，妳最好的朋友。和妳在一起，我就能常常看到她，和妳在一起，才有機會和她出去……但是，我再也無法背著內心的掙扎和妳一起了！因為，我不想再抱著一個已經沒有感覺的女人，不想再和普通朋友有親密的接觸……」我突然後悔問了你原因，不該要你說出真話，一段讓我受傷最深的

真心話……

誰能告訴我，我支離破碎的心，該如何拼湊，要如何復原呢？

發言人：幸福的瞬間
Re：我的情人節~~失戀紀念日

怎會有這麼爛的男人！讓我忍不住想大聲罵*#$&%…..>_<
算了吧！這種爛男人沒什麼好留戀的啦！
別那麼想不開，雖然妳真的是比我慘多了……
我的男人也被搶走了……不是被女生搶走的，是被天堂！！
打game比和我在一起重要，
我還贏不過一台爛電腦%$#&*%…>_<
真想拿電腦砸爛他的頭……讓他從天堂打到地獄去！！

發言人：藍月
Re：我的情人節~~失戀紀念日

我想這個男生一定傷妳傷得很深，我很能感受到妳的痛。
載著喜歡的女生，騎了好遠的車去看她喜歡的一個男生。
她躲在牆邊看著那個喜歡的人從家裡走出門，
而我只能在更遠的地方看著這一齣鬧劇……
只要她覺得幸福我會毫無保留地付出，
即使是她離開我……那天也下起冷冷的雨……

發言人：帥得像古天樂
Re：我的情人節~~失戀紀念日

Don't cry , my baby!
我最近也失戀了，可以和你聯絡一下嗎??
也許我們可以一起療傷喔……^_^

-_-#　發言人：心情不好
　　　　Re：我的情人節~~失戀紀念日

你是白痴啊，看到人家心情那麼不好還開這種鬼玩笑！
古天樂??我看你是像吳樂天吧！

>"<　發言人：凱蒂
　　　　Re：我的情人節~~失戀紀念日

怎麼最近大家都在失戀 >"<，我那個好姊妹也一樣。
每天晚上都打電話給我，一直說她和前男友的一堆事，
沒事還要倒帶重複，聽得我都會背了。
但是看她失戀粉可憐只好多陪陪她，
唉…到底要怎麼安慰她呢？

∧_∧　發言人：阿ㄆㄧㄚˇ
　　　　Re：我的情人節~~失戀紀念日

帶她去看好笑的電影來紓解情緒ㄚ～
我記得我失戀的第4天跟我室友抓《南方公園》電影版卡通，
看到笑出淚來……後來就慢慢淡忘失戀的痛啦！

T_T　發言人：藍裙上的星星
　　　　Re：我的情人節~~失戀紀念日

我會把跟他以前的點點滴滴再回味一次，
想著過往的他是如此的溫柔體貼，
是多麼的細心呵護妳，
用心去回味體會，雖然一切都過去了，
不過彼此也都曾快樂過那就夠了！

然後想完再好好的痛哭一場~~~
等眼淚流完就再也沒感覺了！

　　∧　∧　　發言人：天使凡間
　　￣　　　　Re：我的情人節~~失戀紀念日

找一堆死黨　去唱歌　好好用麥克風發洩一下
唱很high的歌　然後再和姊妹們抱頭痛哭一番
再一起去港口看星星　坐著等日出
回到家後　覺ㄉ自己的心情好像好ㄌ很多
因爲不是只有自己一ㄍ人承受著悲傷
我還有很多好姊妹和我一起度過
這種感覺比自己一ㄍ人在家胡思亂想好多ㄌ

　　Ｘ_Ｘ　　發言人：專題忙碌中..
　　　　　　　Re：我的情人節~~失戀紀念日

提供一個比較自虐的作法：
每天半夜喝酒到天亮並爛醉如泥，
白天的課全都翹，晚上再找個工來打，
反正操死自己就對了！
這樣一來，失戀的痛苦會加倍，
課業上面臨被二一的危險，
其他女人或者普通的朋友都對你敬而遠之，
只剩下三、五好友偶爾陪你一起醉……

忙著補被當的學分，再努力打工還酒債……
因爲女生都被你嚇跑了也就心無旁鶩……

把自己逼到絕境後，如果撐得過去，

以後大概也不會有什麼事可以動搖你的信心，

因為情況再糟也不會比當時更糟！

心胸也會跟著開闊起來，因為你會發現沒有什麼事情好計較的，

不過，過程實在很不好受就是了……

為什麼連情趣內褲也
喚不回你的心？

我無法許妳個未來！實
在「嚼不下去」啦！

講到失戀，曰仔不禁又要心中感嘆一下了，想我過去這麼風風光光的戀愛史當中，失戀永遠是最後的結局。以數學公式來帶入這個戀愛方程式，戀愛等於N，那我失戀的次數就是N減1了，而這個1還代表了兩種的意義，一個是現在進行式，另外一個就是走入愛情的墳墓結婚去啦！當然也有很多人覺得分手，不代表就是失戀啦！這曰仔也了解，當你已經不愛對方的時候你就會用分手，但如果還是很愛那個人，那就叫失戀啦！像曰仔用情那麼深的人，當然都是失戀級的人啦！

五花八門的失戀原因

根據學子曰BBS99.COM的網路大調查，失戀的原因可以分成下列幾種：

因不認識結合，因認識而分開：

這是瓊瑤和許多愛情劇常用的芭樂劇情，男女主角不小心相遇，熱戀，到最後卻發現自己根本沒有那麼愛對方。最後就不了了之了。天知道當初不知瞎了哪隻狗眼，會看這個男的很帥，那個女的美若天仙。

女怕花心，男怕當兵：

女生最受不了的就是男生花心了，天天猜他在網路上又跟哪個妹妹聊天，長得不帥又以為自己是潘安再世，自

命風流。天天一堆乾妹妹找他，要不就和一堆女的朋友出去，就為了證明自己還是很有魅力。而兵變一直是男生怕當兵的主要原因之一，菜鳥的時候一個月能見到女朋友一次，已經算很不錯了，不過女朋友身邊的蒼蠅男又那麼多，難保不被黏上，只好求老天保佑啦。

距離愈遠，愛情愈淡：

以前兩個人還在學校朝夕相處，但是一個出國留學後，距離愈來愈遠，信漸漸地少了，電話也少了最後就只好分手了。不過這大部分都發生在兩個人以前天天見面，卻因為工作或學業相隔兩地的人身上。現在還是很多人透過網路談戀愛呢！

第三者的介入：

漂亮的女朋友另外有人追，或是長得像癩蛤蟆的男朋友居然有人送巧克力給他，愛情的三角習題總是最複雜的，關於這種狀況我們別篇再聊吧！

肚子大了，男生跑了：

這種人是最不應該的，女朋友不小心懷了孕不知該怎麼解決，就躲起來不理了。女生這時才知道之前的諾言都是在放屁！

因網路認識，因電腦分手：

現在網際網路，讓許多兩地不相識的男女，因為網路而連繫在一起。不過也有很多是因為男生天天在玩網路遊戲，花在遊戲的時間比花在女朋友的時間還多。兩個人

就這樣分手了，女朋友還比不過一台電腦，唉！

無厘頭的分手：

這也是很多人失戀的理由，大部份的原因都很怪，只因為一次約會遲到兩個人吵架，或者和她出門沒有牽她的手，這些理由常常都是一些雞毛蒜皮的小事，不過人在戀愛的時候，往往感性多於理性，現在想想當初分手的理由，也許還會覺得很好笑呢。

失戀症候群

而在失戀當中的人，也常常可以看到他們會出現一些症狀和特徵：

◆常常自己一個人坐著發呆，像個木乃伊可以坐半個小時。

◆淚腺特別發達，動不動就為了一點小事掉淚。

◆不吃不喝得厭食症，或者是大吃大喝洩忿。

◆說的、寫的都像詩人文采洋溢，好比尼采再世，日記寫得像文學名著。

◆抱著電話講個不停，像是要用手機的電磁波來慢性自殺。

◆沒事會忽然大叫，極端的會大笑吧！

所以如果你看到有以上症狀的人，不用覺得怪異，也不要給太多的刺激，不然小心他一個想不開，上了社會版跳樓自殺的新聞那就不好了。

失戀療傷法

下面就列一些失戀治療失戀的好方法：

◆找群死黨陪伴，去KTV大聲把怨嘆不滿都唱出來。

◆努力工作累死自己，用力K書忙死自己，沒事裝忙讓
　自己沒時間去想他。

◆打game打個三天三夜，把那些可惡的傢伙全部殺光
　光。

◆好好的大哭一場，哭到眼睛腫得像金魚之後就把他忘
　記。

◆治療失戀的最佳靈藥──時間，有的人會痛苦一兩年
　無法復原，有的人一個小時後就完全康復了，但是這
　又有什麼關係呢，慢慢都會過去的，下一個會更好。

根據日仔的愛情經驗法則，失戀的次數和復原時間成反
比，而相戀長短和失戀復原時間成正比，同理可證失戀
的次數會和相戀的長短成反比。所以啦，失戀人人會
有，但是建議不要太多喔！因為一生能真正愛的沒幾個
呢。只要有談過戀愛的，誰不會失戀呢？國父說得好，
失敗為成功之母。日仔認為，失戀為愛情之父。只要確
定你們在一起的時間，你都有好好把握每一個甜蜜的時
刻，失戀又算什麼呢？只是為了下一段的愛情做預備，
只要有信心，一定能找到最合適的另一半！

3

我和她還有他
──愛情的三角難題

我為什麼移情別戀？誰叫你每次都不肯叫我宇宙無敵超級大美女！哼～

古早人說的沒錯！果然唯情人與小人難搞也！救人乀～～

Y_Y　　發言人：剛報效完國家的小兵
　　　　　　標題：我的心好痛

七百多個當兵的日子，不算多不算少，

在部隊裡心裡想的念的都是妳及我們的未來，

妳呢？卻在外頭與他產生情愫。

有好幾次放假找妳，妳都說要跟家人出去。

那天我特地一早帶著妳最喜歡的瑪格麗特到妳家樓下等妳，

竟看見你們狀似親密地開車離去……

我打電話給妳問妳在哪？

妳說跟家人出去玩，妳說晚一點再給我電話。

妳知道那時我的心有多痛嗎？

我才知道這一切都是騙局。

但我卻不斷地告訴自己說妳只是一時糊塗，

妳會再回來我的身邊。

妳說妳會離開他，因為最愛的是我。

但妳卻周旋在我與他之間，

不斷地欺騙我，傷害我對妳的信任。

妳說妳因為寂寞，而他適時的出現，所以妳才陷入迷惘。

妳說生病的時候是他陪妳去看醫生，

他每天接妳上下班，幫妳買早餐，

妳說這些我都做不到。

聽了心好痛啊！

難道我不想嗎？

我是身不由己ㄚ～

妳求我原諒妳再給妳機會，

妳還想跟我走下去……

但這似乎只是妳想減輕罪惡感的藉口吧？

也許現在妳正在他懷裡訴說自己有多委屈，

妳知道我現在擔心的是什麼嗎？

愚蠢的我怕得是妳不能獨立、他不會陪妳逛街、

怕他不會帶妳去吃飯、講笑話逗妳開心，

即使家人朋友不斷地要我放棄妳、認清妳，

可是我的心卻放不下，

有時候我真希望自己可以冷酷無情一點，

因為這一切都不是我的錯。

在當兵的時候看到許多的同袍發生「兵變」，

我還竊喜自己是個幸運兒，

這種事一定不會發生在我身上，

沒想到我們的感情如此不堪一擊。

我真的恨「他」一個趁虛而入的傢伙，

與他談判，他竟然說我沒辦法給妳幸福，

他說妳已經把自己交給他了！

當時我真的想要揍他一頓，

但我卻因為要保持君子風度而罷手。

朋友說我很愚蠢、說要去替我出口氣！

這樣做又能怎樣，因為你已經不在我身邊了。

發言人：看不下去的人
Re：我的心好痛

不知道應該要稱讚你的度量大，

還是該說你愚蠢！

明知對方已有交往對象，

"破壞別人"本來就是不對的，

幹嘛要這麼委曲求全呢!?

如果我是你絕對不會成全他們，

一定會拼命地留住她。

那個男的最好已經當過兵，

不然妳前女友一定又會耐不住寂寞。

現在有很多人對感情不負責任，

老是拿男未娶、女未嫁，

大家都是自由身、公平競爭這類不負責任的鳥話當理由。

奉勸大家不管對方與交往對象目前感情如何，

絕對不要當人家的第三者。

就算你喜歡的人，目前感情低潮，甚至可能分手，

也絕不要成為分手的導火線。

我是覺得現在當第三者即使贏了，

說不定等到哪天也被第三者介入。

如果那女生真的願意為你而跟男友分手，

將來你仍舊會重演她男友的劇情，

不要以為不可能，

會有報應的。

.>_<.　發言人：可憐的受害者
　　　　Re：痛恨第三者

我和男友之間的那個第三者，

在她剛跟我男友認識時，

就知道我們已經交往四年了。

但是她依然故我地搶我男友，跟他上床，

後來我知道後，她還用我男友的手機，
大搖大擺囂張地跟我說：
怎樣，我就是喜歡當第三者，
我就是喜歡搶人家男友，
我就是有本事搶得過妳，
他已經不愛妳了，
別來打擾我們的生活了！

如果你遇到這種第三者，
你還會對第三者抱持"同情心"嗎？
吐血都來不及了……

b_d　　發言人：正義之士
　　　　Re：痛恨第三者

第三者……
我想錯的人應該是出軌的人才是！
第三者有時也是被害者，
不也只是為了追求愛情，才會盲目的犯錯。
所以，不要怪罪於他/她。
要怪就怪出軌ㄉ人太過花心，
為何不好好愛一個人，
該不會又說是犯了全世界人類都會犯的錯？
這個理由個人覺得很離譜！
若是每個人都專情，
世界怎又會有第三者出現。

發言人：反對者
>_<
Re：痛恨第三者

什麼正義之士啊!?

不能怪第三者，

就像不能怪小偷偷你家東西，

怪得是你家門窗不夠堅固！

出軌的人是理所當然要怪的，

第三者不能怪真是一件荒謬好笑的事！

發言人：願當第三者的男生
Re：第三者也有選擇愛的權力

我是她和他之間的第三者……

她是他的女朋友，但她不喜歡他。

我是他們的第三者，但她喜歡我。

她難過，傷心，猶豫，

該選擇三年多的錯愛，

還是選擇剛萌芽的真愛？

她無法抉擇及面對。

我徘徊，停頓，思考，

該選擇有了他的她，

還是選擇自由自在的生活？

我做出了決定，

我想我是真的喜歡上她了。

「愛」呀～曰仔覺得感情這事呢，是很難說得清楚的！
愛情這東西沒什麼對和錯，有人對愛情專一死心塌地，
有人天生多情無法只愛一個人。像我曰仔就絕對是一個
最專情的人，一次只愛一個人（當然我說的是網路上的
莉莉、小咪、還有妮妮不算的話啦）！
言歸正傳，曰仔就針對網友們對於這個話題的反應，分
別就這三種角色一一作討論。

受害者的角色

一般人的認定通常指得的是「原配」，這個角色通常比
較容易被同情，我們又可將原配對於第三者的處理方式
分成幾種類型：

苦命阿信型：

A與B君是一對，A君喜歡到處拈花惹草，B君知道自己
的感情有第三者出現也不吭氣，默默承受，不斷地燃燒
自己，付出更多的感情及關懷，一心等待另一半回來。
最誇張的是竟然還有會同情第三者的，覺得第三者也很
可憐！不過這種人比較少就是了。唉～名副其實的爛好
人一個。

睜一隻眼閉一隻眼型：

A與B君是一對，A君喜歡到處留情，B君瞭解A君的個

性，所以相信A君只是一時貪玩被迷惑，玩完了就會回到自己身邊，所以假裝自己不知道。這種人常會用一種比喻：「我是大樹，你是愛飛的鳥，當你在外面飛累倦了，我永遠張開雙臂等你。」不過這樣的人大部份都可以得到另一半最後的心。

抗爭到底型：

A與B君是一對，兩人的感情有C君出現，A君的心有點迷惑，B君則是對A緊迫盯人，並與C談判坦言不輕易放棄自己的感情。當然有少部分人會利用一哭、二鬧、三上吊的方式要脅自己的另一半，來保住自己的感情。

捨身成仁型：

這種型的人曰仔覺得可能有兩種個性，一種就是比較悲觀的人，總覺得自己的條件一定不如第三者，另一半一定不再喜歡自己之類的；另一種則屬於有感情潔癖的，無法容忍自己的感情有第三者的介入，也無法容忍另一半的背叛，所以決定自己放棄這一段感情。

介入者的角色

通常「介入者」是在網路上被罵得最慘的那種，就像之前阿寶介入了佼佼和小S之間的愛情，當然現在小S已經說bye bye 了，阿寶也從第三者的角色成功地升級成原配啦！曰仔現在想起仍記憶猶新。其實也不是人人都喜歡或樂意當第三者，曰仔約略把網友的想法做了如下

的分類：

莫名其妙型：

A與B君本是一對，A君喜歡到處拈花惹草；C君因不知情而與A君在一起。曰仔覺得這類型的第三者比較倒楣，因為他/她根本就不知情卻被冠上了第三者的名號。

迫不得已型：

A與B君本是一對，A君喜歡到處招蜂引蝶；C君起初並不知情，後來知道了卻因已經愛上了A君，所以心甘情願當第三者，堅持要和A君在一起。曰仔是覺得C君有點像是另類的受害者，畢竟剛開始他/她並不知情，等到發現卻已身陷其中，無法自拔。

孩子，別難過！我的紅帽子借你戴就是了～

嗚～我居然被戴了綠帽！

敢愛敢恨型：

A與B君本來感情穩定，但C君愛上A君後，從中搞破壞，不擇手段地要讓A與B分開，要B君與他/她公平競爭，有「自己得不到，別人也別想得到」的想法。

聰明理智型：

A君與B君感情穩定，C君愛上A君，但是C君只願默默地關心及照顧A君，不想破壞他們的感情，只要喜歡的人得到幸福，自己就滿足了。這樣的感情有的時候，也會發展成異性知已。

玩火自焚型：

C君看到A君與B君的感情穩定，心生嫉妒見不得人家好；或是C君可能對A君有興趣，但見A君與B君感情很好，認為B君的條件沒有自己好，所以一定要把A搶過來。更有一種人是以搶奪別人的另一半為樂趣，甚至會出賣自己的美色，然後對方到手後就不要了，說難聽點他/她不過是想要證明自己的魅力吧！

出軌者的角色

曰仔覺得這種人基本上需要背負「背叛」的罪名，不能老是怪第三者，畢竟「一個巴掌拍不響」。根據BBS99網路文章統計，出軌者的心聲大致可分為以下幾種類型：

忘恩負義型：

有些人會為了自己的前途背棄另一半，去尋找對自己前途較有利的伴侶。通常這種型的以男性偏多，在連續劇裡常看到這樣的情節。不過也有女生會為了自己未來的日子出賣自己的靈魂，拋棄自己所愛的人。曰仔覺得這種人愛慕虛榮，不願意過苦日子，所以一旦有利於她，即使別人勸她，她也絕不回頭。

逢場作戲型：

有時候因為工作或前途必須要如此，心裡很清楚的知道這只是一場遊戲。但曰仔還是要提醒大家，千萬別玩出火來呀！

寂寞難耐型：

有些人的另一半因為工作忙碌或是兩人距離比較遙遠，因而感到寂寞，在此時若有人給予特別的關心，就有可能會有出軌的舉動發生。就像男生去當兵，女生容易兵變，這其實是一種很無奈的事。

到處留情型：

世間人有百百種，有些人很奇怪就喜歡到處留情。即使他/她的另一半如花似玉或是英俊瀟灑，他/她還是會對別人拼命放電，曰仔覺得這可能是個性問題，或是他/她特別的興趣吧！

小李子或婢女型：

另外一半比較強勢，需要人家服侍且要服從他的想法，人家說東他不敢往西，這種人往往就是被吃定啦！不過

只要他遇到一個溫柔體貼的異性伴侶且與他談得來的，很難保證他不會移情別戀了。

根據BBS99.COM學子日聯播網的網路愛情調查研究，大部份的網友對於這種複雜的三角戀愛習題，都是比較同情那個受害者，大概有百分之五十幾的網友覺得受害者這個角色是裡面最可憐的一方。而有百分之三十幾的網友認為，愛情這檔子事是沒有辦法勉強的，所以就算有第三者出現了，也不能說是誰對或誰錯。另外還有百分之十幾的人認為。男未婚，女未嫁，腳踏兩條船，多一些選擇也沒什麼不可以啊！

但日仔覺得ㄚ，感情是不能用任何東西去代替的，肯為自己的感情負責才是可取的。

感情的世界是你情我願的，沒有所謂的是非對錯，當有一方的感覺不在了，這一份感情自然就不會再繼續下去了。或許你認為你在追求一份真愛，所以不惜去傷害他人，但請試著換個角度想，傷害別人的同時，有時候自己也會身受重傷。

日仔提醒大家不要輕易去傷害別人，也不要輕易地去破壞別人的感情；或者你已身陷其中，快抽身吧！下一個人或許會更好，但記住不要再當第三者了。

我們真的只是好朋友

——男女間真的有純友誼嗎？

哥兒們一起玩玩遊戲
是很平常的事呀！

是呀，大嫂～您別誤會
啊，這真的是我們哥兒
們的友誼活動呀！

發言人：蒂蒂
標題：愛上一個有紅粉知己的男孩

我因為辦活動認識了我的男友。
剛認識他時，我們在籃球場上聊了一下午，
之後我就經常跟他談心事吐苦水，
而他總是用溫柔安慰我的不安。
我放心的把我的心交給了他，
我跟他交往超過三年ㄌ，
他的體貼從來都沒有間斷，
他說我倆之間沒有任何秘密。
正當我享受所有的甜蜜時，
發現他跟兩個女孩通信ㄌ四年 -_-#
無話不談的程度像極ㄌ小情人的對話與默契！
難怪他有時會神神秘秘地躲在房裡寫東西，
跟我說他正在忙著寫東西，
本來以為他在寫作業，
原來都是在寫信給筆友T_T
問他他告訴我說他們只是朋友，
不過為何他們的秘密這ㄇ多、對話這ㄇ噁心？
這樣我算不算是他的女朋友啊!?

發言人：無奈就是這麼一回事
Re：愛上一個有紅粉知己的男孩

我只能說要小心～～
有人說男生跟男生，女生跟女生可以成好朋友，
所以男生跟女生就可以當好朋友。

我覺得什麼當好朋友都是騙人的！

現在他們是好朋友、好哥兒們，

以後可是很難講~~~

我也曾經如此相信我前女友跟她的哥兒們，

她的哥兒們會跟我搶著和我女友照相，

會搶著幫我女友付錢，

跟我搶著買珍珠奶茶給我女友喝，

照片洗出來也搶著要看，

只差沒跟我搶著送女友回家！

那還不是因為他不順路~~~

我女友說那ㄍ人就是這樣的個性，

她想改變他都改不了。

她也跟我說他們沒什ㄇ啊！

結果我們在一次大吵架後，

她的哥兒們就成了她的新男朋友了！

我只要一想到就生氣！

我好像被耍著玩……~_~

所以，

我勸妳還是要搞清楚你男友跟她們的關係！

妳要常常注意別讓他們日久生情。

不過把話說白了也不太好……

唉……

發言人：憂鬱的廣

Re：愛上一個有紅粉知己的男孩

我也遇過這種事，不過我是男生。

我在球場上認識我女友，

那天剛剛打完球，我就陪她聊了好久，

之後她時常跑到球場來找我聊天，

而她的自然和健談，使我第一次想交個女朋友，

她愈來愈融入我的生活中，

我的事情她幾乎都知道，只是……我搞不懂，

她有一個哥兒們，

她的哥兒們認識她很久對她又好，

他們的對話跟傳的簡訊都是：想了喔，好想你喔！

那她為什麼答應做我女友，

是不是把我當備胎？

連一起去唱KTV，有時會看到她和她哥兒們講悄悄話，

講到笑嘻嘻的！

問她們在說什麼？她總是不說。

她哥兒們還用奇怪的眼光打量我，搞什麼嘛！

每次叫她們劃清界線，她就說只是朋友，又沒怎樣。

所以我也被搞到莫名其妙！

看妳為男友苦惱，我也想到我為女友苦惱，

希望我們都能趕快解決問題，不要再煩了……

∩_∩　發言人：凱鈞
　　　Re：愛上一個有紅粉知己的男孩

你就相信他吧～～

總有那種偏偏聊得來，但是就是不來電～～

有時候，真的真的只是心靈上的寄託～～

真的把對方當成自己的知己～～畢竟～～

有時候一個紅粉知己比女朋友還難找～～

有時候一個了解妳的哥兒們比男朋友還難找～～

有時候對自己喜歡的人不當情人反而是最好的～～

你不相信他～～

那你怎麼辦……天天跟他吵？

有時候喜歡他、包容他，反而對你最好！

v < v
發言人：日久生情的水和魚
Re：愛上一個有紅粉知己的男孩

我想很難相信～～男女之間～～會聊得來～～

大多是感覺不錯～～

只要一方～～的心放得重～～就會失去平衡～～

男女之間相處久了～～某一方就會漸漸的～～喜歡上對方了～～

* *
—
發言人：不想被束縛的鳥
Re：愛上一個有紅粉知己的男孩

我也覺得很難相信他們之間真的沒什麼！

雖然我對一個女生動心，我打算只當她是知己，

雖然她溫柔、體貼，可以給我溫暖，但是如果她是我的女友，

她一定會一天到晚緊盯著我，批評我這裡做不好、那裡做不好，

這種女生如果拿來當女朋友實在是浪費！

這種女生只適合當我的紅粉知己。

但不表示我不喜歡，而是我不能正大光明的喜歡，

不能把她當作女朋友。

我害怕她當我女朋友後，她在我心目中就不再那麼完美，

所以我才會永遠不會跟她變戀人！

大家對於一男一女的單獨相處，會有不同的反應與看法，自然影響他跟異性相處的模式，以下是曰仔分析現代人如何看待男女密切相處只算好友的看法：

愛情絕對型：

不相信「男女密切相處只算好友」，從「日久生情的水和魚」回文中清楚了解，這類型的人認為愛情與友情中間沒有模糊地帶，是很典型愛恨分明的人，可是他們相信異性相處會產生異樣的情愫，一旦產生情愫就得選擇，是延續這種情愫當男女朋友，還是揚棄情愫，拉開相處的距離只做普通朋友，就是不能接受自己交往對象有知己好友。

故意曖昧型：

認為「男女密切相處只算好友」是藉口，就如前面「蒂蒂」的男友、「憂鬱的廣」的女友及「不想被束縛的鳥」，這類型的人知道已產生一種謎樣的情愫，會因為卡在現有的男女朋友上，卡在一些生活現實條件上，卡在害怕交往後會幻滅，所以就選擇做保持常常聯絡的知己，以滿足難得發現伯樂而捨不得放手的心態。所以對於交往對象的知己，會存以懷疑保留的態度，選擇秘密探查敵情，但是外表不露痕跡。

大醋罈子型：

「男女密切相處只算好友」對他們毫無意義，只要一男一女有點談得來或有點密集見面，無論是否發生異樣情愫，大多認為兩人關係已經非比尋常了，有些人還會催眠自己這就是喜歡。這一種類型的人，都會出現吃醋的相同反應，還可能跟別人的男女朋友吃醋，像前面文章中「無奈就是這麼一回事」的女友哥兒們，他已經忘記他自己是電燈泡，還跟人家的男友吃起醋來，所謂知己好友的定位，對他來說是沒有意義的。很難放心自己的男、女友跟其他異性間的接觸，甚至還會做出強烈的防衛動作，以保障自己所擁有的。

朋友親人型：

相信「男女密切相處只算好友」。從前面「凱鈞」的文中可以看出，對他們而言，交朋友已經不在乎性別，甚至當成自己的家人相處，還可以填補缺乏的親情，變成某種程度的精神寄託；可是又害怕對方胡思亂想，造成彼此的麻煩與困擾，所以給對方清楚冠上一個知己之名。

知己好友形成的可能原因

看完前面所討論的話題，那到底為什麼對方會有知己好友咧？那他們又是什麼關係，可以將心裡所有的秘密告訴對方？可以寫信寫到很肉麻，可是卻只是朋友？曰仔偷偷告訴你，他們有可能是因這些原因形成的喔！

「貌」不投緣，無法再進一步：

曰仔認識一個男生，他當兵時天天跟雅惠通信，一放假也是找雅惠出來玩，剛退伍那年聯考落榜，大家找了兩天都找不到他，兩天後雅惠送他回到家裡，原來是落榜壓力太大使他心情很差，所以他去找雅惠訴苦，雅惠為了要陪他，自己請了兩天假又兩夜沒睡好，很細心地呵護他、安慰他。

經過這件事情後，大家追問他要不要追雅惠，只見他很痛苦地說：「我是很想追她，就是雅惠長得不漂亮，實在是『嚼不下去』（台語），帶她出門一定會被人笑死，我現在沒有錢，如果有錢我一定要她去整容，然後再跟她交往。」結果現在兩人還是好朋友。

相知相惜，但個性不合：

曰仔聽網友駿駿說，駿駿高中時很喜歡文組的佩佩，天天跟佩佩一起上下學，也常常通電話和寫信，佩佩是個活潑的女孩，整天開開心心的，同學都封佩佩為開心果，當佩佩跟家人吵架而心情不好時，只有駿駿知道佩佩難過，更知道要如何安慰佩佩。大夥出去烤肉、唱歌的時候，駿駿喜歡吃什麼東西、喝什麼飲料、唱什麼歌，佩佩都知道，自然很得駿駿的疼愛，大家都好羨慕他們倆個如此互相了解，不過他們卻都相繼有了交往的對象。

原來駿駿很介意女生有潔癖，駿駿發現當佩佩要將麥克

風遞給他時，都會用衛生紙擦過麥克風再遞給他，若再從駿駿手中拿回麥克風時，一定又拿出衛生紙再擦一遍，這樣的舉動使駿駿極端不舒服；而佩佩受不了男生龜龜毛毛的個性，當佩佩看到駿駿買個毛巾，逛了四家店，買個冷氣逛了一個月才確定買哪一台時，佩佩就會耍脾氣不理駿駿。可是佩佩和駿駿互相了解的程度，使他們選擇曖昧的相處下去，但不願成為男女朋友。

陰錯陽差，時不我予：

日仔在國中時期暗戀妮妮三年，到快要畢業時，日仔豁出去啦，就公佈自己喜歡妮妮的秘密，當時妮妮好像都沒什麼反應，日仔也只好默默喜歡。高中二年級時，妮

嘿～不好意思，我正在和我的紅粉知己溝通～

有件事我必須告訴你，你正在溝通的對象是我馬子！

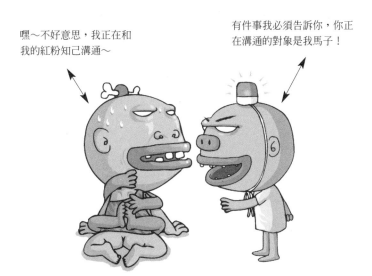

妮來找曰仔，一聊到這件糗事，曰仔因為還喜歡著妮妮所以有點害羞，但是妮妮卻眼睛大大地看著曰仔，直說她不知道曰仔喜歡她，她天天注意著曰仔，一直等著曰仔來追⋯⋯

天啊！這真是一個烏龍事件，可惜那時曰仔有女朋友，所以說不出任何喜歡妮妮的話，那天就很紳士地送妮妮回家，之後就常常電話聯絡。大學一年級，我剛跟女友分手，打電話跟妮妮聊天，我試探性地說我跟女友分手了，妮妮突然狂叫說：「我為了氣你沒有來追我，我才剛剛交了一個男朋友。」所以我和妮妮到現在都是很親密的好朋友，雖然曰仔現在還有女朋友，可是心裡的最愛還是妮妮。

害羞內向，擔心表錯情：

對棒球沒興趣的小茹為了俊杰要看世棒賽，排了十幾個鐘頭的隊伍，買了兩張很好的位置，並陪他一起去看棒球；俊杰為了小茹喜歡台北某一家的蟹殼黃，千里迢迢從高雄到台北買來送小茹當生日禮物。只要有一些男生接近小茹，俊杰總是會生悶氣、看書也沒勁；小茹看到別的女生直瞄俊杰時，小茹心裡就有被刀割的感覺，晚上也睡不著。其實彼此都互相喜歡，可是他們不敢向對方表達心意，怕被對方拒絕，怕自己會錯意，所以只要有人問起他們的曖昧關係，一律說只是朋友。曰仔認為這種類型是男女交往的過渡期。

知己難覓，篤信距離就是美：

謙華跟小紅是在聯誼上認識的一對男女，只要小紅一通電話打來，謙華總是立刻放下手邊的工作，不管外面刮風下雨照樣找小紅去，小紅要求什麼，謙華都奉陪到底，這樣的舉動讓小紅明白知道謙華的心，現在就快要是全校公認的校對了，可是他們說他們只是朋友。原來是因為兩人都深怕成了男女朋友，對方不再為自己付出，以後無法兩個人自然地坐著聊天一整夜，可能失去了看到對方一些缺點時發出的幽默，可能自己要安排一些計劃時，就必須互相遷就，可能男女朋友角色一定，就需要履行一些所謂的義務，例如：要跟異性保持距離以免對方吃醋、情人節送禮物、生日一定要慶祝、要找時間來約會……想想還是維持現狀。妳有妳的空間，我有我的空間，還是要有一點距離，才不會失去這麼好的異性知己。

知己好友與男女朋友的差異

現在了解可能會形成知己好友的原因了，曰仔再補充一些現代人的知己好友與男女朋友有什麼差別：

◆認識時間：一般知己好友認識、相處的時間較久。

◆汰換率：男、女朋友可以一個禮拜內換一個，知己好友可能是好幾年不變，感覺上男女友的汰換率較高。

◆行為差別上：聽到有人說「男女朋友是肉體上的戀

愛，知己好友是精神上的戀愛」難道行為上就只差在上不上床的問題嗎？不止，還會有開始要求對方的舉動，例如：男女友一定要花時間約會相處，跟別的異性相處要保持距離，有時要花時間處理吃醋問題。

◆思想心態上：當男女朋友會有要求對方的舉動產生，就會產生壓力，而且有了要求就會有比較，有了比較後男女朋友就不完美了。

其實交往對象有知己好友沒什麼，只要他們不亂搞，有知己好友有時會幫助你更認識你的男女朋友，所以大膽地去認識他的知己吧！他們中間是什麼關係，其實一下子就看得出來，與其坐在家裡心急吃醋，聽他說的自己心慌意亂，倒不如實際觀察接觸。所謂：知己知彼，百戰百勝啊！

※＆％＃✳

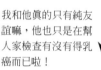

大家來看A片

——A片～有那麼好看嗎！？

你……你看的到底是什麼片？

ㄚ～妳不是不准我看「草莓發酵乳」演的A片嗎？所以我就改看「倒彈男」系列的男優A片啦～

.＿.?　　發言人：精靈之舞
　　　　　標題：男生都愛看A片嗎？

我的男朋友眞的很奇怪，喜歡找我和他一起看A片，

和男友一起看A片很危險嗎？

我相信他不敢對我怎樣，他太害羞了。

可是我就在他旁邊啊！爲什麼他還是要看A片呢？

難道說他嫌我身材不夠好，比不上A片裡面的那些女生嗎？

而且我也知道他自己一個人的時候，

也會拿A片出來看，是不是所有的男生都那麼喜歡看A片呀？

A片到底有什麼好看的？

@＿@　　發言人：知名不具
　　　　　Re：男生都愛看A片嗎？

妳自己的男朋友自己應該最了解吧!?

怎麼跑來這裡問不認識的人呢？

如果妳認爲他不會對妳怎麼樣的話就不會啦！

可是爲啥要一起看A片丫……

看電影不是比較好嗎@_@

如果妳不想要，就不要和他一起看A片……

好電影那麼多，不愁找不到吧？

要打發時間，正當的消遣也很多呀!!

想清楚"看A片的動機"，妳就知道會不會危險了!!

∧　∧　　發言人：催魔狂
　 ─ 　　　Re：男生爲什麼喜歡看A片

根據專家說法，看A片跟做愛做的事時會讓人放鬆。

現代人社會壓力過大，總需要調節丫……
我們學校老師也曾不諱言地說她喜歡看A片！
因爲那是最徹底的放鬆自己，
而且要準備傳宗接代，
要學一些技巧跟臨床實驗～y
所以看A片～這是一定要的啦～～^_^

>_<　發言人：大三乖乖女
　　　　Re：男生都愛看A片嗎？

我現在是大三的女生，第一次看A片是在大二的時候，
大家都覺得我是一個單純的乖乖女，
之前飯島愛的書非常流行，
我到大二還沒有看過什麼A片，
所以就和朋友拿了一片來看看，
想了解到底兩性之間的接觸是什麼樣子。
看了以後眞是讓我非常的失望！
又醜又噁心的性器官特寫，
裡面只有兩個男女在做活塞式的性表演，
並沒有什麼愛的感覺在裡面！
從小到大的性教育課程，
沒有說過什麼是做愛，
難道兩個人在一起只有這麼醜陋的動物交媾嗎？
我想兩個人在一起做愛重點應該是在愛的成份，
也許台灣的性教育應該多教教大家怎麼愛!?
並且也教教兩性的尊重態度吧！

發言人：寬子
Re：男生都愛看A片嗎？

也沒有說大家都喜歡幹那檔事啦！

也許是因為妳看到報章雜誌或新聞，

有事沒事就在報導有關什麼援交…車床族……

立委買春…藝人開性派對……

研究生誘拐無知國中少女…架色情網站……

西門町麥當勞前的色老頭…偷拍…同居等事件……

妳就以為現在的社會對性很開放，對性很有興趣！

但是，我得提醒妳，

別忘了這些報導都是新聞從業員篩選後的偏誤呀！

他們常特別挑些具可看性、聳動性高的事件來擴大報導。

事實上，

還是有一些人對性這件事抱持可有可無的態度呀！

尤其當你出了社會，沒錢、沒地位，每天加班到8、9點時～

哪有空想那檔事呀!?

發言人：睡到翻
Re：男生為什麼都愛看A片？

女生也有很愛看A片的吧！

以前不就有台大女生在宿舍放A片？

女人都覺得男人看A片就是好色，

而女人看A片就可以解釋成好奇心，

男人一開始也是因為好奇才會去看啊！

跟女生一樣啊！

#^^# 　發言人：小蝦
　　　　Re：男生為什麼都愛看A片？

我想「好奇」或許可以解釋男生和女生為什麼會開始看A片，
但是如果他們是一直幻想、沉迷在A片的世界裡面，
那就變得不正常了！
（搞不好會變成變態，危害社會，想到就覺得恐怖）
如果說是因為要更了解男女之間的關係的話，
我倒覺得他們可以多看一些有關性的健康書籍，
因為A片裡的情節和一些觀念不一定是正確的。

^_^ 　發言人：最愛周杰倫
　　　　Re：男生為什麼都愛看A片？

我是女生丫……
我是不討厭看A漫啦……（？應該A漫是什麼ㄅ？）
是因為…會有馬賽克在第三點……^^‖
結論是……
看個人用什麼觀點去看待ㄌ嚕～

e_e 　發言人：蜥蜴男
　　　　Re：男生為什麼都愛看A片？

對呀～女生也很多人很喜歡這種東西～
你去看看女生在看的那些言情小說，
幾乎跟網路上的色情小說差不多了！
只是用詞比較文言一點，那和男生的A片比起來，
只是女生看的言情小說多了些想像的空間，
A片比較真槍彈啦！@_@昨天看A片看到眼花～

講到A片文化，在日本的「發揚光大」下，台灣的A片文化，可說深深受著日本的影響，也許很多男生還不知道誰是堂本剛，誰是堂本光一？但是對於小澤圓、飯島愛這些AV女優就絕對不會陌生了！就算沒看過她們演出過的經典名作，也能在網路上看到她們響亮的名號。千萬別告訴日仔你不知道她們是誰，那你真的可以放在博物館當古董展示品了。

言歸正傳，到底是不是所有的男生都像網路上說的愛看A片呢？根據日仔在BBS99.COM學子日聯播網的資料調查，男生對於A片的反應有下列幾種基本類型：

AV冠軍通型：

對於A片的熱愛到了狂熱收集的程度，哪一個AV女優，演了哪幾部電影他都可以如數家珍，如果〈電視冠軍〉舉辦「A片通」的比賽，我看他們一定會去參加的！一般來說這類型的人比較常出沒在光華商場，或是一些A片光碟專賣店，因為隨時要注意有沒有新貨到。這樣的男生事實上還是屬極少數，而且大部份都沒有女朋友。因為他幻想中的女朋友太難找了！有小澤圓清純的臉孔，飯島愛漂亮的臀部，還要有草莓牛奶34D的火辣身材，去哪找喔！所以AV冠軍通型的人一生中最大的心願可能就是去當AV男優，這樣就可以一償宿願與他心

目中的女神們長相左右啦！

小玉西瓜型：

這種人平常看起來悶悶的，也不特別引人注意，聊到關於性愛方面的事，也不會參與討論，但卻一直依在旁邊「殿殿」聽。簡單說就是表面裝正經，實際上對A片哈得要死，又不敢去買，所以滿腦子的小玉西瓜（黃色思想）無處發洩。千萬要小心這類型的人，因為這樣是很容易成為怪怪的變態喔！這類型的男生比較會去逛逛色情網站，從網路上買A片回家看，這樣對他們來說比較保險啦。

經典名片型：

對於A片並不會特別刻意去看，但當朋友聊起相關話題的時候他們也會問問相關情報，對於大家常討論的「經典名片」，如國內著名的政治名人偷拍版，或是飯島愛、小澤圓的片子就會去向朋友借來看看，至於花錢去買A片，那他們可能還沒有那麼大的興趣，免費的多多少少看一下啦！對於A片的需求也屬於可有可無。這樣的男生佔最多數。

A片過敏型：

基本上這樣的男生算起來不多，看了A片會噁心想吐、內分泌失調，對A片先天過敏。這樣的人大部份不喜歡看A片的原因，有人是有潔癖，看了A片會覺得噁心，大部份這樣的人也會有一些處女情結。也有人覺得A片

沒劇情，只是那兩團肉晃來晃去地看了只想睡。還有人不喜歡看A片的原因是看人家辦事很無聊，自己做比較有意思。這樣的男生在總百分比當中也不算少數喔！所以不要再誤以為男生都喜歡看A片啦。

男女看A片，想法大不同

在統計當中大概只有百分之二十幾的男生承認喜歡看A片，而大部份的男生都不怎麼喜歡看A片。所以不要被少數的特例給騙了！當然這剩下的百分之七十幾也不是都不喜歡看A片的，有百分之四十幾的人不排斥看A片；而另外有百分之二十幾的男生，是真的不怎麼喜歡看A片。

不管男生對於A片的喜好程度如何，幾乎所有的男生都看過A片，經過青春期的男生，多多少少對性這檔子事都會感到好奇，所以A片現在也成了許多人性知識啟蒙的教學錄影帶。但是建議大家，A片偶爾看看休閒一下可以，千萬不要看太多，不然滿腦子怪怪的幻想，就會有一些怪怪的行為喔。

記得曰仔第一次看A片，是高中的時候，一群好心的學長特別關照我們這些學弟，還語重心長地對著我說：「學弟，不要說學長對你不好，學長是要教教你『做人的道理』，這兩卷帶子，你先拿回去看看，保證會讓你

茅塞頓開，了解到什麼是『做人』的真諦。」

學長的這一番話真是讓曰仔感動萬分，不由得掉了兩滴眼淚，在三更半夜確定爸媽打呼說夢話後，以恭敬的心打開錄影帶，想要好好了解一下什麼是做人的道理，第一次看到的A片就是丹麥的，劇情是有一個女生一天掛了上了天堂，可是她還搞不清楚自己是怎麼死的，一到了天堂遇到了一個高大強壯的黑人天使（這讓我知道了天堂沒有種族歧視，天使也有黑的）。她問了天使：我是怎麼死的。天使回答：我不告訴妳除非妳先和我嘿咻。女的也馬上就答應了，於是就開始演出了一場〝天人交戰〞（那女的掛了不知道還算不算是個人）。好不容易在半個多小時結束後，天使就很嚴肅地說出：妳是和太多男人嘿咻，在和他們嘿咻時掛掉的。這時女主角又回想到死之前和哪些人嘿咻的狀況，之後的曰仔就忘了。這部戲讓曰仔深刻地感受到，毫無道理的劇情模式在A片中被導演和演員發揮的淋漓盡致，如果有「最佳莫名其妙沒道理情愛動作片」的獎項，我想應該非他們莫屬吧！

此外，A片中的場景與情節橋段幾乎都是虛構出來的，有些甚至是錯誤的觀念，比如：以為女人都樂意告訴陌生男人她的性經驗；以為所有的女生都會十八招，所有的男生都可以三十分鐘；家裡常常準備蠟燭的原因不是

為了怕停電；沒事家裡準備童軍繩皮鞭而且女生一定會很高興；男家教一定會遇到漂亮女學生，女家教一定都是性感多情；當了醫生就會有美麗俏護士陪著你；推銷員不管賣什麼，都會遇到風騷的女主人……如果以為片中的劇情都是真的，A片看太多保證你遲早變成大變態。所以千萬別信以為真！

而女生到底看不看A片呢？根據調查，大部份的女生對於A片的反應，都不怎麼喜歡看，因為那樣直接的表演，對她們來說一點都沒有愛的感覺，女生和男生對於做愛這檔事的看法有很大的大同，男生注重「做」，女生注重「愛」。這也是女生為什麼寧願看看言情小說，幻想一下被費翔或F4級的大帥哥抱在懷裡的感覺，也不願意去看A片那樣活生生、汗淋淋的「愛情動作片」。

其實A片為許多的男生女生，製造了不可能出現在自己生活當中的性愛幻想空間，讓大家能在生活當中多一些想像的空間，對於男女間也有一些調情的作用，不過曰仔在這裡還是老話一句，A片看太多是會傷身的喔！而且在網路上交朋友，如果你一天到晚滿腦子小玉西瓜，保證你找不到人要跟你聊天的，大家還是用正常一點的心態去和網友交往比較好喔。

6

男生莫名其妙的
處女情結

——處不處女，真有這麼嚴重嗎？

你為什麼老抱著隔壁老王
的女兒不放啊？

因～因為她有處女的…喔，
不～是嬰兒的奶香，所以讓
我抱不釋手～

發言人：夜的獨白
標題：我的女朋友竟然告訴我她不是處女

昨天夜裡我女友告訴我…其實她不是處女，

我覺得很失望而且有受騙的感覺。

從開始追她，每次談到「性」話題的時候，

她總是表達絕不婚前性行為，

如果發生關係的話會有罪惡感，會覺得不自在，

更覺得會對不起未來的老公。

在我之前她就談過五次戀愛了，

所以剛開始我覺得她應該不是處女，

她說她以前都只到三壘就停了，

絕不讓男友有機可乘，也不會因歡愉而沖昏頭。

她在我心中的印象始終是那樣完美，

現在突然告訴我……其實她不是處女，

我真的很失望，更覺得自己的心受到傷害。

她說不是有意騙我的，因為她對我是真心的，

她覺得相愛的男女應該要誠實以對，

還說女生要說自己不是處女是需要極大的勇氣。

她說其實一直都有罪惡感，我認為她說會有罪惡感是真的，

不過應該是和前男友分手後才有此感覺。

她希望我別把這件事放在心上，因為她現在是愛我的。

但我卻再也不能像以前一樣愛她了，

不管她不告訴我的理由是什麼，

除了恨她欺騙我外，因為她已經不是處女了。

不是我把責任推託給其他男生，

我覺得男生都會有此心態，這是一種原始佔有慾的表現，

只是程度高低不同罷了。

尤其本身若是處男的話，

一定會希望自己的女朋友也是。

發言人：覺得處女癖該死的脫俗美女
Re：我的女朋友竟然告訴我她不是處女

你們男人真的很奇怪せ！！

都希望自己的女友、老婆是處女，

卻整天處心積慮地想騙女生上床，

跟公狗有啥兩樣？？

我就算不想發生婚前性行為，

也並不是為了滿足臭男人的處女潔癖，

而是女人一被你們弄到手，

就到了她的使用期限，該丟了……

去死吧！你們這些處女癖！

發言人：陀羅尼
Re：我的女朋友竟然告訴我她不是處女

唉……男生與女生從老媽那生出來時就不平等，

生理構造上的差異造成處男處女重要性的不同，

男生無法判斷處男與否但是女生卻可以，

就因為……那一層膜。

但，有沒有那一層膜通常不是最重要的事，

許多巧合的事件也可能導致此構造自然喪失，

重要的是那種歸屬感，就拿物品來比喻好了，

就像是一件你新買的貼身衣物，

如果別人穿過多少心裡都會有點毛毛的吧，

就算經過「洗滌」、「消毒」的過程，你穿起來還是不舒服。

講難聽點（在此跟女性抱歉），女生就如同這貼身衣物一樣，

更何況女生的構造，是無法洗滌清理的私密處，

所以如果女生已經有過經驗，常會遭受到世俗眼光的批判，

也因此有難聽的俗語出現，爛鞋、破網等（女生們真是對不起）。

當然，如果你很喜歡很喜歡一件東西，

無論它是不是二手，你都會接受。

如果你很愛很愛一個人，

那基本上是不是處女就不是那麼重要了。

當然，目前世代的談戀愛方式，

對方都不會是你很愛很愛之人，

要找到心目中的那個人是不容易且難遇到的。

因此，一般來說處女情節是存在於每個人的心中，

要奉勸所有女生，好好保護自己的身體，

男生們可因生理構造不同而不會留下證據，

這是很不公平的，但是這也是無法改變的自然法則。

如果是因為男生可以這樣，那我們女生也要的原因的話，

所造成的結果只會更加後悔而已。

發言人：愛麗的異想
Re：我的女朋友竟然告訴我她不是處女

性愛對女生來說是要有感情才會發生的（當然以此為工作的人除外），

女生並不會隨便跟一個他不愛的男人發生關係。

做愛做的事對女生而言，一定要天時地利人和，

性愛不是女生的武器而是一種對愛情的承諾與肯定。

如果一個成熟的女生願意和你上床，

那是因爲她們肯定你們之間的愛情，

而不是她想藉身體來征服你。

當得到一個女人的身體的同時，

男人們請你們珍惜她們，

是不是處女並不是那麼重要，

就如同男人是不是處男一樣，

重要的是在交往的過程中彼此是否誠心在交往，

眞心比是否爲處女更來得重要吧！

發言人：乖乖女
Re：我的女朋友竟然告訴我她不是處女

因爲我覺得第一次本來就應該留到結婚時，

當作給最心愛的另一半的禮物，

告訴他：我一直是爲你守著的⋯⋯

不然隨隨便便地給了某一任男友，

到分手悔不當初，

也來不及囉！

當然我也希望未來的老公是處男（其實是一定要），

因爲我們都應該爲婚姻有同等的付出和忍耐，

如果他是到處拈花惹草後再娶我，

我想我會很難不在意他的過去，

也會害怕他未來出軌吧⋯⋯

因爲這樣的男人根本不看重婚姻啊！

發言人：kiki貓
Re：我的女朋友竟然告訴我她不是處女

>_<為什麼只有男生可以討論及批評女生是不是處女，
拜託！～～現在女權意識逐漸抬頭，
我覺得男生是不是處男是很重要的，
同樣的也要受到女性的批判及討論。
ㄚ～～我知道有些男生愛面子，
打死都不會承認自己是童子之身，
真是可悲的大男人主義。

發言人：不好笑
Re：我的女朋友竟然告訴我她不是處女

我20歲～～我是處男～～
But我覺得不好笑。=_=…

發言人：Tomy
Re：我的女朋友竟然告訴我她不是處女

我是男生，
但我要為女生說說話。
我一個女的朋友和她男友上過一次床，
那男人態度就180度轉變，
以前對她超溫柔體貼的，
現在就只會冷嘲熱諷地疏遠她。
真的很多男人都超不負責任的，
像我室友整天在說他的全壘打事蹟，
又把那些女生說得很賤。

所以你們女生學聰明點吧！
用身體是換不到男人的尊重和愛的……

- _ - b　發言人：小魔女
　　　　Re：我的女朋友竟然告訴我她不是處女

重要的是要對自己的行為負責！
之前有對情侶上節目，當女方被問到男方最令她感動的事，
就是女方曾經問男方都不會想跟她發生關係嗎？
結果男方回答：「因為我很愛妳，所以想保護妳，尊重妳！
除非我有這個能力來照顧妳未來的生活，
而這個時候也就是我決定要跟妳攜手共度一生的時候！」
所以說是處男我覺得並不可恥啊，
有規定幾歲以上還是處男就可恥嗎？
我覺得真正可恥的是那些認為
還是處男、處女是可恥的人才是最可恥。

「男生到底在不在意女朋友是不是處女？」這個話題在BBS上不斷被重複討論著，男人與女人的戰爭也在這個話題上互不相讓。

看來這種男生和女生永遠吵不完的話題是沒有休止的。根據BBS99.COM做的網路資料，男生對於女友是不是處女的在意程度與反應，在網路世界裡，大概可以分成以下幾類：

童男之身尋找處女：

完全不能接受女朋友或老婆不是處女，甚至會嚴格要求自己保持童子之身。不過這種人很少，因為男生都愛面子愛比較，怕朋友笑他，就算自己是童子之身，也絕不承認。而這類型的男性網友有交過女朋友的次數也在0到2之間。

不是處男卻只要處女：

要求女朋友或老婆是處女，但自己卻可以不是處男。尤其有些男生愛在朋友面前炫耀自己有多厲害，把那檔子事當作是朋友茶餘飯後聊天的話題，可憐的就是女生啦，因為自己被出賣了都不知道。

兩性相愛何必在意：

自己既然不是處男，又如何要求女朋友或老婆不是處女呢。而且會疼惜女友，絕對不會輕易在朋友面前提到這

些事，完全保護女生，愛就是要包容他的一切，如果沒辦法諒解，那就不要在一起。

有20%的男生，一定要自己的女朋友是處女，不然就別談了。

有50%的男生，會在意自己的女朋友不是處女，但愛她還是會在一起。

完全不在意女朋友是不是處女的佔20%。

感性vs.感官

女生與男生最大的不同在於女生通常較感性，不是自己喜歡的男生絕不會輕言與對方發生關係，但通常只要認定這個人是她的Mr.Right，就絕對是完全付出，也不在乎一定要維持處女之身的堅持了。

但男生就不同了，大多是用下半身思考的動物，他們只要有需求就算沒有感情也無所謂，反正先解決眼前的需求比較要緊，其他的事再說吧！

有些男生，滿腦子只想將女生騙上床，總是使出渾身解數誘騙女生，有的是利用甜言蜜語，有的則是利誘加恐嚇，反正只為滿足一己私慾。

所以女生吃虧就在這邊，男生只要說說好聽的話或是拿「你不愛我」來威脅，許多女性就完全沒有自己了，即便再怎麼不願意，但女人卻愚蠢的相信這個男人會愛她一輩子。

雖然有些男生會堅持自己的原則，在不確定自己有榮幸與能力能接受女孩託付一生時，是不會自私地為了一己之慾而毀掉女孩的前程，不過這樣的男生算起來已經是稀世珍寶了。

在網路上也有男生，對於他們的處女情結給了一些奇怪的解釋：

1.因為他們怕被跟前男友拿來比較。

2.因為他們有潔癖，怕不乾淨。

3.因為他們在潛意識中給了自已這樣的觀念。

4.因為他們自卑而自大。

其實如何去界定這件事的對錯，我想這是永遠不會有標準答案的。男人能說這不是大男人主義嗎？能說全天下不是處女的女生都是不好的嗎？女人能說這世界對女性不公平？能說全天下有處女情節的男生都是自私的嗎？曰仔認為這就是長久以來「男尊女卑」的結果，是這個社會看待女性的價值觀，處女情節充其量只是大男人主義思想下的產物吧！

當然曰仔不是說婚前性行為就是對的，只是女生會有如此的行為發生，男生是不是應該負一些責任呢？沒有男生的搧風點火，女生不會自己來吧!?

曰仔認為，是不是處女或處男沒有那麼重要，應該是心態上來得比較重要。愛惜自己，也尊重他人，做愛做的事要以感情為基礎下才可發生的喔！

7

愛要怎麼做

──愛的初體驗

你給我醒醒呀！竟然在這
節骨眼給它昏過去了，哇
咧～＃％＆✳※～

轉大人～YA！

轉大人～YA！

?_? 　發言人：戀戀紅塵
　　　　標題：請問一下大家的第一次「愛愛」是怎樣的呢？

大家好～我今年19歲，前幾天才破了我十多年來的處男之身，

我好不容易才說服我的女朋友願意跟我愛愛，

可是為什麼我總覺得，

期待了這麼久的事，

真的實現的時候卻不是真的像大家說的這麼爽呢？

是不是只有我這樣呢？其他人的第一次是怎麼樣的？

可以說說嗎？

>.< 　發言人：可愛小狐狸
　　　　Re：請問大家的第一次「愛愛」是怎樣的呢？

一個字～～～～～～～痛 >.<

真的很痛ㄋㄟ！

我男朋友又好像不是很懂，也不知是不是裝純潔，

直接就進來了，痛得我留下眼淚，

真的超痛的，還流血，嚇死我了！

我喊了一聲痛，他竟然跟我說：

「沒關係！長痛不如短痛！」

啊ㄌㄟ～～什麼跟什麼呀～真是的 >"<

∧_∧ 　發言人：血拼女王
　　　　Re：請問大家的第一次是「愛愛」怎樣的呢？

那一次是酒醉的時候發生的事，我跟我老公（現在是我老公囉）

去一個同學的生日會，結果我們都喝醉了，

雙方都有一點酒意的情形下，

我們在他家做了，但也不知道他是不是A片看太多，

做一做說要讓我替他特別服務，我也照辦啦～

大概喝醉比較有勇氣吧！

本來喝酒胃就很難受了，又用這種方式，

感覺就像用指頭挖自己喉嚨催吐一樣，

過了一會……我就吐了他全身都是，當然也吐到他小弟弟了。

到了現在我們還會互相虧對方那次的經驗呢！

發言人：台北街頭
Re：請問大家的第一次「愛愛」是怎樣的呢？

我也忘了，我只依稀記得，

我好像一直在心裡默數：

「1、2、3……23、24、25、26…」

我是給自己定的目標是300啦～

結果好像沒達成…………

發言人：嘿咻好男兒
Re：請問大家的第一次「愛愛」是怎樣的呢？

跟大家比起來，我的第一次應該是最莫名其妙的吧！

守身如玉了20年，一直想說要保留給我最心愛的女人，

結果我20歲生日的時候～那時候我還在當兵，

晚上幾個好弟兄一起放假，

想說來去KTV慶祝我的生日，

大家吃吃喝喝，突然就有人提議叫酒店小姐助興，

後來來了兩個長得普通，卻身材姣好的美眉，

一聽說是我的生日就猛灌我酒，

然後又聽說我是處男，

一直問我那方面的事，

最後大夥竟然開始一起喊：

「轉大人、轉大人、轉大人！」

然後我就被帶到包廂廁所被其中之一的女生給〝解決〞掉了，

她還教我這種姿勢、那種姿勢，後來想想真是超丟臉的……

第一次就在這種怪情況底下，被人奪走了！

嗚嗚嗚～～～～～～～

^ˍ^　發言人：冰山美人
　　　Re：請問大家的第一次「愛愛」是怎樣的呢？

我跟我的他是在他家發生的第一次，

其實之前我們已經試過很多次了，

都沒辦法成功，

因為我真的是痛到不行，

他好像還偷偷跑去問人家怎麼辦呢！

不過他對我真的不錯，

每次我喊痛他就會停住囉。

但那一次花了很久的時間在前戲，

我也漸漸的沒那麼緊張了，

所以我們就成功啦 ^o^

雖然害怕跟疼痛的感覺還是大過人家說的舒服，

不過我相信會越來越好的唷！

人家常常說，網路上有兩種東西是最紅、最多人搜尋觀看也是最賺錢的，就是性與賭博，這說的真是一點都沒錯，網路上由於有私密的特性，讓人可以更肆無忌憚地說出自己平常最不好意思碰觸的一面，網友對於性的好奇與喜好程度，可以由全國各大BBS網站，討論性的版面永遠都是排名屬一屬二的情形，一窺大概，每天幾百筆的留言資料如雪片般的飛來，讓人不想看都難。曰仔雖不是變態色情狂，但也是一個食色性也的正常男人，所以呢，自然也就會有興趣看看這方面的留言囉！一看之下，才發現這裡面處處臥虎藏龍、高手如雲呀，各式各樣的人，各種不同的留言，新鮮又有趣，有時候更可以看得讓人哈哈大笑！不信呀!?那我說給大家聽聽：

曰仔幫大家整理出聊性留言板的五大性主題：

第五名──如何取悅對方

常見到很多人會問，他的另一半都乾乾的，該用什麼樣的方法，才能讓她有感覺呢？或是說她不知道該如何用嘴幫她男朋友服務，才會讓對方比較舒服，這樣問網友該如何取悅對方的文章，榮獲第五名。

第四名──做愛的場地

旅館、車床、浴室、廚房、客廳、辦公室、學校花圃、陽明山擎天崗、沙灘、海洋、溫泉、樹林、ＫＴＶ、

MTV、PUB、電影院、自己的家裡各種場地應有盡有，你（妳）試過幾個呢？網友的場地稀奇古怪哪裡都有，甚至於你想像不到的，都有人說在那裡做過，真是神奇呀。

第三名——嘿咻的感覺

第一次的感覺、高潮的感覺、興奮的感覺、接吻的感覺、擁抱的感覺、撫摸的感覺，一切一切的感覺，什麼都問，什麼都有網友會回答。

第二名——愛愛時最喜歡的姿勢

這個主題真是歷久不衰呀，隨時都可以見到很多人在討論，令人目不暇給、眼花撩亂。

第一名——懷孕了怎麼辦

性版上永遠不嫌少的討論主題，所有的人都知道避孕的套套，卻還是很多人不願意使用，抱著僥倖的心理，體溫法、安全期、體外射精、事前藥、事後藥什麼方法都來了，大家各說各話，聽從某一個人的話，保證你下次一定中獎，然後就會開始問：「完蛋了～我這樣會不會懷孕？」、「桃園哪一家夾娃娃技術好又便宜？」、「如果吃了事後藥，又做了一次會不會怎樣呀？」、「女友經期過兩天我就跟她嘿咻，沒有戴套套安全嗎？」這樣的主題大概每天都可以見到，重複的話題一再地出現，榮獲曰仔排行～～第一名！

談性說愛網友種類面面觀

當然有討論的主題，也不能少了討論的主人翁──網友囉，當這些網友面對性這樣的主題時，是怎樣的態度呢？曰仔也舉出幾種會出現在這裡的網友種類：

知識淵博型：

這類型的人簡直就是這裡的救星、民族的英雄，經常會對於他人的問題，提出長篇大論的解答，更有很多發表會被板主站長列為精華區的文章，常常被人封為板上的「性學博士」，都想聽聽他的說法跟看法。

害人不淺型：

通常要不是上面的那種類型，就會變成害人不淺型，性知識一知半解、性常識少的可憐，卻又超愛發表長篇大論，說的頭頭是道，讓人誤以為他是知識淵博的，沒想到照著他的話去做卻發現根本不是這麼一回事，反而可能適得其反。

經驗傳授型：

這類的網友其實是這裡的主力。他們雖然不會長篇大論，但也不會胡說害人，不過就是簡單地提出自己的經驗談，讓大家參考，聽聽就好囉，不一定對每個人都適用，卻是發生在他身上最真實的感受。

好奇寶寶型：

什麼都要問、什麼都想聽，對於性有太多太多的好奇，但是卻不一定是處字輩的唷（處男、處女），只是他們喜歡尋求文字上的新鮮感及刺激感，甚至可能問出：

「3P是兩男一女好？還是兩女一男好？」這樣不知道怎麼回答的東西，就算回答的「二二六六」，提出問題的人也會很開心，因為他只是想問，回應的如何他就不在乎了。

等看笑話型：

曰仔發現很多人也是這種等著看人家笑話的類型，如果妳提出懷孕了怎麼辦這樣的問題，在這種人的眼中只有一個答案：「哈哈哈！活該去死吧，妳就準備做媽媽（爸爸）囉，恭喜妳呀，誰要妳要亂搞！」好像就等著看發生性行為的男女都發生不幸，他最高興，要不然就是一堆自以為是的討伐言論，罵得對方狗血淋頭，也不知是真正經，還是假道學，其實這種人對性的憧憬，搞不好勝過其他人呢！！

網路的世界充斥著太多的耳語、八卦、謠言，真實和虛擬的世界，常常讓人混淆，摸不清頭緒，對於網路上的言論與事件，也必須抱持著謹慎的態度，不能人云亦云，否則就會跟從A片學性知識一般，到頭來全都是錯誤的觀念，曰仔覺得網路討論的內容，聽聽當作參考，或許有時笑一笑，當作一種放鬆心情的生活調劑，可不要跟著人家去做什麼網路援交，或是看一看受不了，而去犯下什麼滔天的罪惡，這曰仔可就救不了你了，每個人都有獨立自主的思考空間，多用心想想，事情會比較看的清楚囉！

8

你援，我就交？

——網路交友的變調陷阱

^_< 　　發言人：性感小狐狸
　　　　標題：想要嗎？我的條件很好喔！

各位帥哥你們好！我的名字叫美芬，住在台中，

我現在還在唸台中的高職三年級，18歲，

兩個月之前跟我的男朋友分了，

他說我太愛玩，沒辦法抓住我！

曾交過幾個男朋友，他們都說我床上像個小女人，

卻又花招百出，很令他們魂縈夢牽喔！

現在的我只想追求短暫的情慾，

但是因為被之前那個男朋友騙了一些錢，

所以也需要有人提供我實際的生活費，

如果各位大哥願意幫助我，

請打09xxxxxxxx，這是我妹的電話，

接通就說要找美芬她就知道了，

盡量晚上再打喔，白天我在上課～

對了～跟大家說一聲我的三圍是 36D.25.35 等你們的電話唷！

?_? 　　發言人：小野狼
　　　　Re：想要嗎？我的條件很好喔！

嘿嘿嘿！真的嗎？

我是台北的小野狼，剛好可以吞下妳這隻美芬小狐狸！

我想要跟妳來一段浪漫的愛之旅唷，錢不是問題，只要妳夠野！

可是妳又沒有給我照片我怎麼知道妳說的是真是假呀？

要不妳先寄照片給我，

我覺得ok就打電話跟妳聯絡囉，好嗎？

我的信箱是xxx@xxx.com 。

發言人：阿曼尼
Re：想要嗎？我的條件很好喔！

我也要照片，我是台中的阿曼尼，我應該比較近吧！先考慮我～
我沒什麼錢啦，只是開911，穿阿曼尼而已，
妳跟我玩一晚也沒什麼好處，
只是多了個鑽石、珍珠之類的小東西，沒什麼！
有興趣的話記得跟我聯絡，沒興趣也就算了。

發言人：缺錢男
Re：想要嗎？我的條件很好喔！

有哪位女生要幫幫我的嗎？
我現在就讀私立大學，因為學費高，住外面花費也高，
前一陣子要求爸媽幫我買的車，卻被我不小心撞壞了，
因為我不好意思找家裡拿錢，
所以想看看有沒有哪位女生願意幫幫我的？
我身強力壯，怎麼操都可以，長得也算不錯，
身高181cm，那裡18cm～
如果有好心的小姐（大姐也行），我都可以接受，
只要八千元就好了！
謝謝大家的幫忙。

發言人：去你的
Re：想要嗎？我的條件很好喔！

一堆賤貨、姦夫淫婦、狗男女、不要臉的東西！
真是世風日下人心不古呀，連這樣的東西都敢拿來討論，
基本上我覺得，援交就是在賣的！

shit！說這麼好聽，什麼缺錢又要幫助什麼什麼的，
全是屁話，就是雞鴨一國的啦，哇哩咧，臭雞、死鴨子！
我就是看不慣這樣的事情，
連未成年的男女都跑去學人家什麼援交，
這是什麼世界呀!?我還是覺得好好善待身邊的人最重要！
自己的身體自己負責，這樣糟蹋自己我就是看不過去啦～～
氣死我了！！

☆_☆　發言人：好姊姊
　　　Re：想要嗎？我的條件很好喔！

ｃｃｃ樓上的那個缺錢男呀，是不是真的ㄚ？18公分？
姊姊我哪天先驗驗貨呀，如果滿意了，我就給你錢！
不過……你該不會是騙人的吧!?要是騙姊姊呢，
嘿嘿嘿，姊姊就找人把妳剪掉喔！

@.@　發言人：騙人的
　　　Re：想要嗎？我的條件很好喔！

大家不要打那個電話！！最近警察抓的很兇，我剛剛打過，
那個聲音一聽就很像女條子在問話，什麼美芬，我看是騙人的，
大家千萬不要上當，要不然被警察杯杯張去，
就算你們自己衰了！
別說我沒有提醒大家喔！

　發言人：正義使者
　　　Re：想要嗎？我的條件很好喔！

拜託那個一看也知道是假的，

我看我還是把這個寄到警察局好了！
叫警察來捉你喔！
不過也有可能是樓上的那個人說的，
是警察Po出來釣魚的。
還是建議大家小心一些喔！
深夜問題多，平安回家最好～

x_x 發言人：我也覺得
Re：想要嗎？我的條件很好喔！

我也覺得是騙人的，
因為我覺得在網路上援交，沒見過的話大家都要小心，
因為～～很有可能她的真實身分就是一頭豬，
一頭會打字會用兩隻腳走路的豬！
我之前就在西門町遇到一頭豬在拉一個老啊杯，
那個老伯看起來就一臉不願意，
不過也不知道是老伯太虛，還是那頭豬太壯，
老啊杯還是被她架出「賣鐺鐺都是為你」了！
好慘！也不知道後來那個老啊杯還活著嗎？
所以奉勸大家，連看得到的都這樣了，
那沒見過的呢？自己好好想想吧！

→ → 發言人：拜託喔
Re：想要嗎？我的條件很好喔！

拜託喔！
人家在吃麵你們喊什麼燒呀？關你們什麼事？
像這種事，很多地方天天都在上演，又怎麼樣!?

只要人家雙方心甘情願，

一個買一個賣、一個願打一個願挨，

那就可以啦～

到底關你們這些其他人什麼事呀？

一直在那邊叫叫叫，是不是因為自己吃不到，

所以心癢癢乾脆說一些五四三的？

隨便啦，人家高興就好！

>_<~　　發言人：傷心的女孩

　　　　　Re：想要嗎？我的條件很好喔！

其實我之前男朋友也是因為跟別人援交，

讓我覺得太傷心才離開的！

我覺得身體是自己最寶貴的寶藏，

多少錢都換不來，至少我不會去換！

就像之前有人說的，這是他們雙方的事，外人管不著。

是的，撇開違法不談，這的確是他們之間ㄉ私事，

但是，這樣的遊戲不是什麼人都玩得起，

當你們在大玩這種脫軌的愛情遊戲時，請想想自己身邊的人，

像我這樣的女孩或男孩，

是會為了另一半這樣的行為，而感到痛心疾首的！

請多多想想吧！各位男生女生。

曰仔說　網路援交大搜密

「援助交際」這個名詞，其實是由日本傳來的用語，意指日本女高中生中類似賣淫的一種社會現象，只要她們所謂的「大叔」、「哥哥」提供一些金錢上的「援助」，她們就可以從事各種的交際，陪同吃飯、唱歌、看電影、親吻撫摸、賣穿過的內褲內衣、性行為等等。這樣的現象，逐漸地飄向台灣，並在台灣的網路上蔓延，形成另一股變相的賣淫歪風。

在年輕世代中，很多脫軌的事物會被自己用比較e世代的說法來讓他至少聽起來很酷，例如吸毒品就要說成「衣一下」、「K一下」，賣淫也說成「援交」，這樣聽起來似乎就不那麼犯罪違法的感覺了。

在網路的虛擬世界中，隱密性就成了最好藏身的溫床，雙方可以在互不見面且不認識的情形下，完成某些私密的交易。

網路援交族群分析

在網路上援助交際的族群我們可以分為兩個部分來說：第一個部分就是交際的人，簡單說也就是賣方，這些人通常會從事這樣的行為，都有一些屬於自己的原因，曰仔幫大家做一個分類，當然這些不是什麼報告裡的囉，都是曰仔在網路上所看到的原因。

缺錢：

直接又最清楚的理由，就是缺錢囉！這個理由其實滿「冠冕堂皇」的，因為沒錢所以出賣自己的身體或是物品，不過這也要看是基本的需求亦或是額外所需的享受。有些人因為家庭的因素，沒有金錢、沒有工作只好出此下策著實讓人心酸，但也有因為名牌、轎車、衣服、化妝品等等消費品而造成口袋空空，想出援助交際方法的亦大有人在。

好奇：

年輕的世代中，同儕團體的影響力是相當大的，例如之前抓到的網路援交的十五歲小女生，在十三歲的時候就已經有過性經驗，問她原因時她解釋說：「大家都有我沒有，真丟臉！」天呀～你們聽聽看，到底哪樣的行為才是丟臉，在他們的心裡，似乎有了與我們不同的答案。但是因為一時好奇做出的行為，到時候可不見得能承擔得了所帶來的後果。

測試：

這個理由是我聽過最有趣的，這是一個男生親口告訴曰仔的，他說去找援交是因為他不知道自己長得討不討人喜歡，所以藉由這樣的方法來測試一下！我聽到差點沒笑到從椅子上摔下來，竟然有人對自己的外表有疑惑，透過找援交來確定自己的長相夠不夠俊俏，能不能賣錢。

這讓我又想起了前一陣子有一個退伍的男生，在網路上援交被抓，被抓的原因竟然是被他的「恩客」密告的，因為他謊報自己的身材長相，女客每一個都失望透頂，要求退貨，他卻一直苦苦哀求對方收下他，最後女客受不了乾脆當了報馬仔，把這個醜不拉雞的「帥哥」抓去關起來！所以呀～勸告大家還是別輕易測試得好。

報復：

夠狠，利用出賣自己來達到報復另一半的目的，不管是因為什麼樣的原因，這樣做真的是報復對方嗎？還是後果自己承擔呢？到最後，受傷的還是自己。

本業：

這不用多解釋了吧!?其實目前台灣最多的應該是屬於這種的性質，他們根本原來就是從事色情交易的男女，變換一個身分、一個方式，就成了在網路上找尋援助的學生、少男女，這樣的case有時候比酒店或Friday還輕鬆，不但是等客人自動上門，可能還不用像酒店那樣的服務客人，這時候的買方，就成了笨蛋囉，他們成了「援交」字面下，被騙的一群。

網友對於援交訊息的反應

至於第二部分，當然就是接受到援交訊息的所有其他人囉！這些人約可被分類為以下幾種類型：

躍躍欲試型：

原本就對「性」有著嚮往與好奇的一群，在此就表達了躍躍欲試的態度，更甚者還有打電話或是直接聯絡的，當然最後就有一部份的人做了這樣的事囉。

口是心非型：

其實這樣的類型是因為一個字──「怕」。怕什麼呢？怕被警察抓、怕被父母朋友知道、怕太貴、怕自己表現太差被笑、怕對方是會用兩隻腳走路的豬、怕中標、怕發現是自己的女朋友、怕被搞熱了他（她）說要加錢才做……反正怕的東西一大堆，就是不敢，不過又有一點點的想，所以常常放冷箭的就是這類的人，「對方一定是妖怪」、「祝你們中標中到爽」、「那個人我上過了，超差的」像這樣的話，就讓人覺得心態可議囉。

禮義廉恥型：

用各式道德勸說來制止這樣的事情發生，在他們的心目中這樣的事情是不可以發生的，只不過現在敢挺身直言的畢竟較少；另一方面，這種類型的人，很多也不會是網路的愛好者囉。

事不關己型：

冷漠的一群，網路上最多這樣的人，他們不見得贊同這樣的行為，但也不會持反對的態度，反正事不關己，人家要怎樣就怎樣吧！

等看熱鬧型：

這樣類型的網友也不在少數，慫恿別人去援交，自己就等著看熱鬧，甚至還有叫援交網友照一些自拍圖來看的。「別人的小孩死不完」、「死道友不死貧僧」，這跟大家一起擠在巷弄看火災是一樣的態度吧！

「援助交際」這個名詞在網路上不算是一個新的名詞，其實說穿了，也不過就是網路上的性交易，在法律上這是一件百分之百違法的事情。

近一年來，上網進行援助交際的犯罪案件，屢見不鮮。從未成年的國高中生到大專院校學生、從替代役男子到退伍軍官，從失業的男女到為人表率的老師，甚至從男

小親親！偶就素「兔女郎」呀！最近欠現金，你也援助一下吧！

嗚……不是「兔女郎」嗎？怎麼變成了「吐女郎」!?

扮女裝到真實的變性第三公關，各種類型的男女與職業，凸顯出這個問題的嚴重性。

在這裡曰仔要和大家說，援交本來就是一個不正常的兩性關係，並不是因為女的胖、男的醜，援交被警察捉到，才算他倒楣。基本上和一個完全不認識的人發生關係，不只是你對另一半的行為想法有偏差，更有可能因此染上愛滋，或是被警察釣魚釣上，吃上官司。

在這裡曰仔還是要在這裡提醒大家「歹事不可做、歹路不要行」呀，夜路走多了總會遇到鬼的，切記切記喔！！

網路交友實戰手冊

二等兵，請問你為
何哭泣？

報告班長，因為我摸
魚摸到大恐龍！

男歡女愛網路交友實錄

十六歲那年，老爸老媽終於受不了我「終極碎碎唸神功」的威力，買了我的第一部電腦。當時的想法只是想要玩Game，在我高中的那個年代哪有什麼報告需要用電腦打呀？都是對父母「畫虎爛」的招數；但是漸漸地發現，除了遊戲之外，似乎有一個更有趣的新世界在等著我。

我的同學們天天都在討論誰跟誰的八卦，這些傳聞對象，除了別班的女同學外，絕大部分就是──網友！

自從我開始聽同學的話，裝了魔電（modem），展開了我的網路交友生涯，無論是各大聊天室、BBS、交友網站都曾是我駐足的地方，它讓我家的電腦不再是孤單一機，而是串聯起全世界，與各地方的朋友齊聚一堂，這感覺就像是站在鐵達尼號的船頭，大喊一聲：「I am shit of the world！」嗯!?好像拼得不大對！啊，沒關係，反正知道我的意思就好了。

從一開始的懵懂，到現在在網路交友的世界打滾了數年……我～曰仔，一個二十出頭的帥氣少年兄，將自己多年來的網友實戰經驗，和大家分享，也希望所有人都能在網路交友的世界中，尋找到屬於自己的天地。

緣分起跑點──招呼

從「安安」的那一刻起，你也跟全台灣200萬的上網人口一樣，開始一頭栽入網路交友的世界。

什麼是「安安」!?你馬幫幫忙，這麼簡單的東西不會沒聽說過吧！安安可不是什麼成人紙尿布唷，這是一句網路交友的開場白。

上網聊天的第一句招呼就是：「安安呀～某某某」這跟在路上和朋友說：「早安呀！」是一樣的意思，不過也會有很多別的「安安變形體」，像是「ㄢㄢ」、「ㄤㄤ」、「世界無敵超級安」等，不過這些都是比較熱情一點的網友，遇到不太想理你的人，就會回答個「隨便安」、「不想安」、「你自己去安啦」讓自己碰得一鼻子灰。

一開始打招呼的重點在於，要親切、要誠懇，在對方不認識自己的前提下要怎麼「安」的親切、「安」的誠懇，這就是一個訣竅了！

一、所有的人都要「安」

你永遠都不會知道誰對你比較友善，說白一點，就是要安到那個會理你的網友，這樣才有繼續下去的搞頭。

二、千萬別死纏濫打的「安」

如果你安到一個網友，對方第一句話衝出來就是「滾遠點」或是「本小姐心情很煩，去死啦～」這時候只要輕輕帶過關心的話即可，然後迅速逃離暴風圈；千萬不要說：「哎呀～聊一下是會死喔！」我相信馬上，你就會

被對方ㄍㄧㄠ死、口水噴死，所以如果你不是刻意要找人吵架的，請勿嘗試高危險動作。

三、帶表情、話語的「安」

「安安」有時候不僅僅是兩個字，更可以帶很多的問候話語進去，讓人感受到親切與誠懇，例如：「安安今天心情好嗎？」、「安安呀！我是某某某」、「安啊 ^_^」，這些都會得到比較正面的回應，若對方依然不回應或口出惡言，請參考第一、二點，網路朋友滿滿是，不差他一個啦！

記得日仔第一次進入某間聊天室，見到了一個可愛的名字──「甜心寶貝」，嗯～聽起來不錯，就找她聊聊吧！

　　日仔：「哈囉！妳好呀!?」

　　甜心寶貝：「安安囉～」

　　日仔：「安安，誰呀，妳朋友嗎？」

　　甜心寶貝：「什麼？你在裝笑為唷，安安就是打招
　　　　　　　呼啊！哈哈哈……」

　　日仔：「………」

就像是便秘一樣的悶，這時才知道自己真是遜。

無論如何，至少「安」過了，就已經踏出了網路聊天的第一步，接下來，就看每個人的哈拉功力囉！

交友無障礙──哈啦

接下來就要進入網路聊天交友的重要關鍵──哈啦。

交友的成敗就在這裡，好的發展可以讓你平步青雲、一帆風順；但是壞的延續也足以讓你身敗名裂、傾家蕩產，ㄟ～～抱歉，曰仔還以為在主持〈股市向前看〉節目！

總之，交網友的成敗，就取決於哈啦之上。記得一位偉人臨終前曾說過：「和平～奮鬥～來哈啦！」相信大家由此可知哈啦的重要性了吧!?

但是跟網友哈啦也不是一件簡單的事情，要哈的有趣、啦的有理，才會讓別人對你印象深刻，這是有節奏、有順序的，把握下面幾個重點就對了：

一、開始時務必隱藏自己的本性

網路提供的雖然是一種速食的感情，但「日久見人心」這句話還是管用的。經過調查，大概三天吧，三天以後才能慢慢展現自己的本性，不論自己是一個色情狂、大變態、恰查某，或真的是一個新好男人、好女人，最好剛開始都要顧一下自己的形象，否則很快就會被人家掃地出局。

例如一個男生一開始就對一個女生說：「嘿嘿嘿～妳胸部大不大？」我想不會有一個正常的女生會回答：「我超大ㄌ！」當然如果是色情聊天室就另當別論囉！又或是一開始就跟對方說，我超帥（美）、帥（美）到妳

（你）不敢相信、不帥（美）給妳扁，我想對方一定一眼看出你（妳）不怎麼樣，為什麼這樣就看得出來呢？請參考本書第一篇之「蜥蜴男的特點」第一條。

二、噓寒問暖，關懷備至

網路拉近人與人之間的感情及距離，上網聊天無非也是想要殺殺時間，交個朋友，當然絕大部分都是想交異性朋友，所以體貼的關懷絕對是無往不利的最佳法門（不過這招常常是要在見面之前比較有效，見面之後約有百分之六十的人，開始不願理會自己的關懷或體貼，原因大概跟身材長相有關吧）。

「天氣冷囉！記得多加件衣服喔～～」

「不要再傷心囉～像那樣的男生不要也罷！」

「你還有我啊，我會一直在這裡關心你唷～」

關懷體貼的話語永遠都是聊天的一大主力，歷久不衰。

三、幽默風趣，臉皮夠厚

在網路的世界中，不夠有趣好玩、臉皮不夠厚的先生小姐們，也請提早退出網路界吧！簡單來說搞笑、有趣加上臉皮厚，是網路交友聊天成功與否的另一重大關鍵。但請記住，這是慢慢發揮出來的，不要一開始就厚臉皮唷，要不然會得到反效果的。

「一天不見，我好想妳唷～～妳有沒有想我呢？」

「哼！你都不來找我」

「好嘛好嘛，別生氣囉～～秀秀喔～」

「來！抱一個吧！」

「不要抱～」

「那啵一下～」（親一下）

「不給啵～」

「總要選一個吧？」

「都不要啦～你很壞壞唷！」

「呵呵～～」

只要讓對方說出「你（妳）壞壞～」就成功一半囉！俗話說得好：「自己不壞，網友不愛嘛！」只要臉皮夠厚，加上一點點的壞，網友之路一帆風順，輕鬆可期。

四、剛正不阿裝正直，小鳥依人要可愛

在網路上一定要扮演一種個性，一種身分，雖然可能每次跟不同人聊天的個性都不一樣，但是一定要有一個屬於自己的「網路個性」，不管這樣的個性符不符合自己原來的樣子，但是裝也要裝出來。

虎背熊腰的大男人說：「哎唷～～人家不來了啦！」

身高不到150公分的女生說：「放心～我會保護你的！」

左擁右抱的阿明說：「我會深情地陪妳一直走下去…」

香爐工會理事長說：「你當然是我第一個男人呀！」

想像一下，這是多矯情的畫面呀！但是，你的網友當然不知道囉！幻想畢竟是美好的，為自己塑造一個屬於自己的網路個性吧！

不知不可的網路交友文化

在和網友哈啦的過程之中，除了以上的重點之外，更重要的是要掌握網路的文化，掌握聊天、交友、BBS寫文章的文化，如此則更能確保自己在網路交友的世界中立於不敗之地。

百變的暱稱文化

聊天交友的第一個網路文化，就是「暱稱」。網路上幾乎沒有人笨到會用自己的真名，來引起一連串不必要的麻煩，所以暱稱就變得非常重要，要如何選擇一個吸引人的暱稱？以下的例子可供大家作為選名的參考：

一、藝人類暱稱：帥哥、美女級藝人的名字最常被用到，像是coco、燕姿、a-mai、杰倫、道明寺（F4）、西門（F4）、仔仔（F4）、心如等等，因為大家都幻想自己能像他們那麼帥、那麼美！

二、名字的暱稱：使用「ㄚ」字輩、「小」字輩的都屬於這類型的，像是阿明、ㄚ傑、小莉、小敏、小玲等；另外就是用名字的最後兩個字，做暱稱，如俊傑、文娟、如萍等等。

三、綽號式暱稱：用自己的綽號當暱稱的人也不少，章魚、小妖、小狐狸、咪咪貓、大媽等等，好記又實際，有機會約出來，也不會不知道該怎麼稱呼對方囉。

四、詩意型暱稱：也有不少人喜歡取較具詩意的名字做

暱稱，像是「秋天的雲」、「情水藍」、「楓愁」、「情傷無悔」、「雲淡風輕」……這類的暱稱除了可增加自己的文質氣外，每個名字背後彷彿都有一個故事似的；或許你在網路上遇到這樣的網友，說不定還可以聽到一個關於對方心底的故事哦！

五、挑逗式暱稱：世間男女，食色性也，很多人上網交友不外乎是想多認識一些異性朋友，所以會刻意取一些帶有挑逗性的暱稱來吸引對方，像是：「34C罩杯」、「金槍不倒」、「性感辣妹」、「猛男」、「色男色女」等等，挑逗異性的意味十足。

六、其他怪暱稱：還有很多怪暱稱，是無法歸類的。因為大家的想像力實在太豐富了，想到什麼就叫什麼，像是「我的手好冷」、「今天十塊錢」、「不知所云」、「失敗真無奈」等，都是由網友所創造出來的有趣怪暱稱。也正因如此才能打造出這片好玩的網路交友世界。

豐富的表情文化

在聊天交友中，單純的文字呈現已經是最落伍的方式，一定要摻雜著許許多多的線條表情，這才夠酷。

從早期簡單的顏文字 ^_^（笑臉）、>_<（生氣），一直到現在發展成 (:◎)≡（章魚）、<°)#)))≦（魚骨頭）等等許多奇妙的圖形，都是網友的智慧慢慢累積出來的，在本書的附錄中，就為大家整理出目前一些常見的線條

表情，提供所有朋友作為使用的參考。

可愛的注音文化

你會認為注音是專給小朋友用的嗎？那你就錯囉！以注音符號來表情達意是網路聊天的一大主流呢！

平常人說話喜歡帶的發語詞、語尾詞，通通可以用注音來表現，甚至所有的字句都可以用注音符號來表示，簡單地說就是裝可愛啦！

「真的是這樣ㄇ？」、「好可愛ㄋㄟ」、「妳ㄝ是這樣呀」、「ㄟ~~我想一下」、「ㄚ！我不要啦！！」、「ㄏㄏㄏㄏ」（呵呵笑）、「ㄒㄒㄒㄒ」（嘻嘻笑）、「ㄏㄟㄏㄟㄏㄟ」（嘿嘿嘿）、「你ㄑ死啦」、「ㄅㄅㄅ」（親對方啵啵啵）、「ㄎㄎㄎ」（笑的聲音）、「這是我ㄉ東西」、「你是我滴好ㄍㄍ」……還有好多好多等著大家自己去創造。

本土的台語文化

台灣現在到處都流行本土化，當然聊天交友也要反映這樣的趨勢囉！而且呢，讓打字變成台灣國語化，也常常會有意想不到的搞笑效果。

「妳好口年唷，來葛格秀秀」（妳好可憐呀，哥哥安慰一下）

「ㄚ哩洗跨丟貴囉」（ㄚ你是看到鬼囉）

「怕ㄏㄡ哩係」（打死你）

以閩南語為發音，再設法用中文字把音拼出來，這是現在網路上說話的主流趨勢之一，可要好好學學、練練囉。

懶惰的錯字文化

所有老師從小就教大家要訂正錯字，寫錯要改，但是在網路的世界中，這項規則早就被大家拋到九霄雲外。網路聊天打字最常用的還是注音輸入法，但是因為大家都很懶，而且聊天進行的速度又快，所以只要是音對了，大家就都能體會到對方要傳達的意思，這種情況最容易出現在人名上，「阿明，我告訴你一見識唷，昨天我去週劫輪的演唱會，來賓有孫艷資、蔡一零、無蹤現……唱歌都很好聽呢！」

其實還有很多很多，這只是最簡單的一個小例子，所以下次您聊天時，發現人家傳給你的文字看不大懂，試著唸唸看，知道意思就好，不用太計較囉。

鬼扯的瞎掰文化

許多人剛接觸聊天室，準備開始聊天的那一刻，一定都會有一個很大的疑問，那就是：「咦!?大家到底在說什麼呀？我怎麼都聽不懂，一點都插不上話！」其實這是正常的，一點也不用感覺到氣餒，因為大家都在瞎掰鬼

扯。除非對方是今天第一次見到的新朋友，才會問對方一些基本資料，或是一些比較有意義的話，但如果都是一些網路熟朋友，你就會發現大家都在亂哈啦，比如：

「ㄚ～～妳吃屁啦」

「你才吃屁啦」

「是妳啦是妳啦」

「才怪！是你才對吧」

「好吧～～那我吃屁妳吃便便」

「我才不要了ㄟ，都給你吃好了，哈哈哈～～便便男」

「妳才是便便女ㄌㄟ」

「好啦！不鬧了～～問你唷～～」

「嗯嗯～～怎樣了」

「你到底是要吃便便還是屁呀？」

這像是兩個二十多歲的正常男女生所會說出來的話嗎？沒錯，網路上的交友就是這樣，每天對著相同的人有這麼多話好說嗎？那些整日掛在聊天室的人都在說些什麼呀，能聊這麼久？依照曰仔的觀察，大家花在沒意義的哈啦時間上，大概是占了絕大部分吧。

網路愛情白皮書──網戀

「網戀」──許多上網者追求的一個理想、一個夢想甚至一個幻想，就在網路線中，不斷地上演著。

在網路上聊天交朋友，可以暫時免除掉人與人見面相處的尷尬，每個人都躲在電腦後面，盡情地發揮自己的想像力，就如同小說一般，對著跟自己聊天的對象，肆無忌憚的幻想著……他的體態、他的容貌，所以說：「人類因有幻想而偉大！」在一段哈啦的過程之後，就會有一些網友開始對聊天的對象產生迷戀，開始覺得，只要一天見不到他（她）出現在網路上就好像會死，這種現象也是醫學精神科上「網路成癮症」的一種。

當這個現象開始發生的時候，自己會發現已經從跟所有人都「安安」，改變成只鎖定和幾個特定的對象聊，因為他們跟你比較熟，感覺比較對，換句話說也就是比較鳥你啦；然後這其中又會發展出你跟哪個異性比較好，彼此漸漸地產生了感情。

這其實跟「聯誼」的過程差不多，【一大堆人一起出去玩】==>【這邊三、四個男生單獨約對方三、四個女生】==>【兩個男生死黨約對方兩個女生死黨】==>【一對一出遊】==>【情侶】，唯一比較不同的可能就是時間的長短了。網路的感情由於是想像的，所以進展的速度之快，令人瞠目結舌，匪夷所思。

一段網路戀情從開始到相戀，也許只要短短的一星期，就會開始見到下面幾種現象：

一、暱稱開始改變

網戀的雙方最喜歡以老公老婆互稱，這時可以見到雙方

的暱稱開始改變成「我是某某某的公」、「我是某某某的婆」，意思就是告訴人家他已經是誰的專屬囉，不要再多說什麼騷擾的話囉！！

二、聊天內容的噁心程度，已經到了令人髮指的地步

如果在聊天室中，大家可以看到他們兩人間的對話，就會發現這樣的情形，似乎是刻意表現給眾人觀賞一般。

「公～～～六小時沒見～～人家好想你唷～～～～」

「心愛的婆～～～我也是呀～～～想妳想妳想妳想妳」

「那～～說你愛我」

「我愛妳～～愛妳愛妳愛妳愛死妳囉」

「不要這樣公開說嘛～～人家會臉紅耶～～」

外人心想：「這不是妳要求的嗎？還裝害羞呢！」這時已經一堆人吐了一地。

三、每天抱著醋缸子狂飲

如果你以為這樣的網戀是隨便玩玩不在乎，那就大錯特錯了！一旦網戀形成後，男女雙方對於對方可是在乎得很呢！網路的世界不可能永遠兩個人都在線上，男女雙方通常也不會甘心只交對方一個朋友，所以跟其他人攀談是一定的事情，這時候，如果突然被對方發現（甚至更奸詐的人會匿名隱身起來觀察對方的聊天動作），自己在網路上泡美眉、虧哥哥，事情就大條了。

「說！！你剛剛在跟誰說話？」

「沒有呀，一個普通的網友呀～～」

「是嗎？？有多普通呀？？她是不是你的新歡？」

十二分殺氣已經集氣完畢。

　　「沒有啦~~妳不要想太多囉~~我還是最愛妳的！」

　　「少花言巧語了，你一定對大家都這麼說，我不理
　　你了啦~~嗚嗚嗚~~」

接下來，就是一連串的解釋，厲害一點的手機就打過
去，差一點的，用盡所有心力逗對方開心，換來的可能
是：

　　「好啦！我相信你囉~~下次不要這樣了~~答應我~~
　　你只愛我一個！」

但是也可能是：

　　「哈哈哈~~你被我騙了~~我有這麼小氣嗎？看你著
　　急真好玩！」

這時候一堆的「%&*#$@%#」想要衝口而出，心裡這
麼想，字還是要打：

　　「我就知道妳最好了~~來~~親一個吧~~~」

網路擁有無遠弗屆、快速、即時等特性，網路戀情更是
如此，不論多遠、不問時間、甚至分不清楚性別，大家
就一頭鑽進這網戀的世界裡，充分發揮每個人的想像
力，把對方當成是最帥的、最美的，想著他（她）的身
影、聽著他（她）的聲音，自己就得到心靈上無限的滿
足了，這也難怪這麼多人對網路交友如此趨之若鶩，說
穿了，就是沉溺在現實與幻想之間的交界。

網友大曝光——網聚

終於！終於到了這一天！絕大部分的網友都要進入到這一關，我相信這是人世間最殘忍、最現實的一刻了！或許你對於網友、網戀、網聚有著期待，不過我想，擔心自己會受傷害的程度還是比較大吧!?所有人在這個階段必須呈現自己最真實的一面，再也沒有電腦網路的距離、也沒有暱稱的屏障，換來的是網友最真的一面，無論這一面你（妳）想不想看到。

很多人都聽過甚至碰過一些網聚的事情，在這裡曰仔就把幾次網聚的人湊一湊，來個大雜燴的說明，讓大家了解一下網友的世界有著什麼樣的人。

而網聚通常都喜歡去哪呢？曰仔的幾次網聚都是到KTV，為什麼要選擇KTV呢？有幾個原因：

一、燈光暗，氣氛佳：就算是妖魔鬼怪，也都因昏暗的燈光而有一種朦朧美。

二、飲酒助興玩得瘋，腳來手來不要臉：飲酒作樂大家都玩得很開心，但曰仔也遇過很多喜歡毛手毛腳的網友，男女都有喔！

三、落跑容易，付錢方便：隨時想離開可以丟一點錢就走，而且大家分攤起來也比較划算。

熱鬧滾滾的多人網聚

一年前的某一天，曰仔上網跟大家聊天，突然就有一個

人提議說要不要出來玩（當然就是唱歌囉），眾人好像非常有興致（男生早就像哈巴狗一樣，留著口水硬把一堆女生從凌晨十二點的家中挖出來唱歌），約定好凌晨一點在板橋錢櫃旗艦店，大概有將近十五人就開始在各自的家中梳妝打扮，準備赴約。

當時曰仔的網聚經驗並不多，所以也沒想很多就當做是和朋友一起出去玩囉。

曰仔到達的時間是一點半，聚會已經開始，包廂內坐了約十個人吧，一推開門就是一陣煙霧撲鼻而來，網友的煙癮真大呀，搞不清楚的人還以為誰在放乾冰呢！進去後才不過半個小時的時間，包廂內已經一片杯盤狼藉。

「請問你是哪位呀？」一個男生跑過來問我是誰。

「我叫曰仔。」

「喔喔～是你呀！歡迎歡迎！」

大家唱得都還滿開心的，也不知道是不是裝出來的，經過了曰仔的觀察分析，列出了一些當天網友的特質給大家做個參考。

JOE、JESSICA──【帥哥美女型】

網聚最大的福利莫過於見到帥哥美女了，因為能見到他們的機率，跟被雷公打中差不多（如果你最近有被雷公K的經驗，趕快辦個網聚吧）。

安公子、阿猛──【色龜型】

這兩個加起來超過六十五歲的男人，就愛對別的小女生

毛手毛腳，一下問人家住哪裡呀，一下問有沒有男朋友呀，後來乾脆手就搭過去了，至於為什麼他們敢這麼大膽，是因為也有下面講的這類型的女生。

敏兒──【大膽作風型】

我想很多男生去網聚就喜歡遇到這種型的女生吧，喝了酒就變得瘋瘋癲癲的，不是要脫男生的褲子，就是跨坐在男生的大腿上搖呀搖的，好像今晚就要把那個男生吞了一樣，曰仔雖然愛玩，但見到這種女生還是很害怕，所以還是躲得遠遠的，不讓她越雷池一步。

阿杰、可兒──【閉暑悶騷型】

這種人我想大家一定最常遇到了，就是那種在網路上好像八面玲瓏，什麼都會哈啦，什麼都懂，跟他們聊天也都很開心，可是一旦見面，你會以為他們是不是得了自閉症，半天噴不出一個P來，無論你跟他說什麼，總是嗯嗯啊啊的帶過，理由只有一個：「人家害羞嘛！」然後回到網路上又是生龍活虎，不免讓人覺得他們有精神分裂的傾向。

帥帥的、甜心美眉──【飛龍在天型】

來了來了，又一次驗證了喜歡把名字取為帥哥美女的，大家要特別注意呀！他們已經擺脫了恐龍的層級，直接奔向飛龍的等級，偏偏好像全部人看到他們眼睛都會「脫窗」，卻只有他們自己不知道，還會一直跟你說，之前誰誰誰要追她、跟他在一起，他都看不上眼……甚至

還會說，「你不要喜歡我呀，你不是我的style！」

神啊～請?幫助這些迷途的羔羊～不對！是飛龍，讓他們有一點點、一點點的自知之明，要不然其他人除了眼睛脫窗，耳朵也快失聰了。

小玲──【網聚不要命型】

那天她是後來才到的，長得滿清秀可愛的，但最引人注意的是，她的腳上打了石膏，大家都問她怎麼回事？原來是網聚前幾天她出了車禍，腳全上了石膏，她是叫朋友送她來的。天呀！現在知道網路的魔力多大了，能讓一個出車禍腳上打石膏的十八歲女生，凌晨十二點叫朋友開車從桃園載她過來，曰仔真是太佩服了呀！

台北阿志──【神經病型】

為什麼說他是神經病呢？因為他是不請自來的，看到聊天室中的邀請，他誰也不認識就來了，而且還帶了一瓶XO，但不是要請網友喝的，是他自己一個一個跟我們大家敬酒，順便自我介紹他是台北阿志，介紹一輪後，他就醉翻了，等到大家要走了他還沒醒，又沒人知道他是誰，身上也沒有證件，只好把他丟在包廂的廁所裡走人，後來在網路上就再也沒見過這個人了，他成為這次的網聚最傳奇的人物，到現在大家還是不知道他是誰，這還不夠神經嗎？？

其他人──【普普通通型】

不會太突出，也沒什麼好特別提起的，網聚三次後你還

在問那是誰的那種人。

其實網聚會出現的人有百百種，全要看自己的運氣跟認識的程度，曰仔還是建議不要一個人單獨前往，尤其是女生，最好攜伴同行，不要以為在網路上聊了多久有多認識對方，網路的背面隱藏了很多不為人知的部份，有許許多多的陷阱，所以要提醒自己特別小心。

驚險無比的個別網聚

一般來說，曰仔是不輕易跟別人單獨出去的，原因很簡單，就是不喜歡只有兩個人尷尬的感覺，但是這一次的經歷，真是讓曰仔畢生難忘。

半年前的某一個下午，曰仔沒事又開始在聊天室裡閒晃，找尋跟自己一樣無聊的人（最好是異性囉），打打屁哈啦哈啦，這時候突然有一個名字很可愛的女生──婷萱（好像是這樣寫的），主動跟我打招呼：

「安安，你好呀^_^」

「哈囉哈囉~ㄋ？」（難得遇到的好機會，當然要趕快問囉）

「我19台北，你ㄋ」

「嗯嗯，我20也是台北唷　妳住哪裡？說不定我們家很近呢！」

「天母！」

「真的呀~那我們的家超近耶，我也住附近呢！」`

（騙笑ㄟ~我住板橋耶，但是這時候當然是拉近彼此囉）

當然之後就很開心地聊了一整個下午。我知道了她的名字、她的電話、甚至她的交友狀態，她說她剛剛分手，心情很沮喪，需要一個人來安慰她。

是誰？誰要來安慰她？ㄟ～～她不就是在暗示我嗎！？

「我心情很不好，你可以跟我見個面嗎？我需要你
　的安慰！」

這時候基於男生要保護、關懷女生的心（其實是想佔便宜的心），當然義不容辭的說好呀，而且她說之前交過三個男朋友，我想應該不會差到哪去。於是我們相約大╳高島屋門口，因為近嘛，誰叫我跟她說我家也住天母，晚上六點半，順便帶她去吃個晚餐，真是個開心的夜晚。

六點半不到，已做了自認最帥打扮的我，右手拿著一條圍巾（我們辨識對方的方法），站在約定的地點。六點四十五分，令我期盼的婷萱終於出現了！對！右手的圍巾，喔！耶！真的如我想的，長髮披肩，身材曼妙，臉蛋雖不是最優的，但卻已經是網路上人人渴求的那一種女生，天啊！我真是太幸運了，快過去跟她相認。

等等，她手上的圍巾怎麼圍到脖子上去了，難道不是她嗎？那麼說……

「嗨！你是曰仔嗎？」背後傳來呼喚我的聲音。

「是的……我是……鬼ㄚ～～」我硬是把「鬼ㄚ」兩個

字給吞進了肚子裡。

但是不能怪我呀～因為這位婷萱長得像一個明星，明星耶，應該是超讚的呀，但是，她像得是………陳雷！

怎麼會有一個女生長得這麼像陳雷呢？我差點脫口問她，妳爸是不是唱歌那個？但是出來都出來了，還是要請人家吃個飯呀，畢竟曰仔還是有風度的，吃完飯她要我陪她到附近其他地方坐坐，喝飲料、聊天。喝就喝吧，反正已經落到她的手中了。

「我好高興你能陪我唷^.^」（可是我好痛苦我在這裡唷>.<）

當她說著跟前男友的事，講到難過傷心處竟然把她的頭靠～～了過來，我真是嚇死了，她竟然還用那種撒嬌的方式說：

「我們這樣是不是很像情侶呢？？」

Oh～My god！別鬧了，就算是，我第一個跟妳殉情，但是是妳死不是我亡。不知怎麼的，我總覺得大家對我都投以悲憫關愛的眼神，不知是不是我想太多，只知道我真的想回家，從見到她的第一刻起就這麼想了。終於，一直熬到十一點半，她說她累了想回去，但是因為她爸爸管得嚴，所以不能讓男生送她回家。

謝謝陳雷，謝謝婷萱爸，雖然我始終不知道他們是不是同一人，但是我的感激永遠不變，嚴得好，女兒就是該這麼管（我真不敢相信這話是我會說的）。

送她到店門口要分開前,她對我說了一句話:

「其實我覺得你人滿好的,我有點喜歡上你了,但是,現在的我對男生會害怕,所以我們還是暫時先做好朋友,你不要太喜歡我唷^.^」

喔!再次感謝她之前的男朋友,要不是你們,我今天就完蛋了,於是我回答她:

「我也覺得妳不錯,但是就像妳說的,我們就先做朋友吧!」(我連好朋友都不敢說)

這一段驚險的過程,至今仍然在我的腦海中迴盪。什麼?我後來還有沒有見過她?當然,有囉,因為我們是「好朋友」嘛。

說實在的,後來真的覺得她人不錯,我們自然也就真的成了朋友囉,但是我還是不能接受這樣的女朋友。

其實網路上的虛擬與幻想,搬到生活中,總是比較現實一些的。勸告所有的網友,初期的交往要用平常心,多去了解對方,而不是像我那時候那樣,完全以貌取人,畢竟個性也是重要的,不是嗎?曰仔相信這才是網路和生活的良性互動與結合,否則整天生活在自己的幻想中,遲早會讓自己迷失在網路世界中的。

最曖昧的情慾實錄——網交

奇怪!?為什麼已經說過了「網戀」現在還要說「網交」呢?嘿嘿!別搞錯囉,在網路上,「網交」指得並不是

網路上的交往喔。

「網交」又名「網愛」，說白話點就是「網路性交」、「網路性愛」。

這部分是網友在聊天當中，發展出的一種奇怪情感，尤其容易出現在准許討論這樣話題的聊天室中。為什麼要網交？原因還不簡單，滿足人類最原始的性慾望，網交可以滿足性幻想，幻想自己與帥哥或美女做愛做的事，但在現實生活中可能是無法實現的，同時更不用負什麼樣的責任，所以會網交的人要不是熱衷於性事，就是現實中無法得到滿足。

許多人都不能了解什麼是網交、網愛，甚至很多人聽都沒聽過，現在就讓我來為大家揭開這個神秘的面紗。

網交分成兩大方式：

影像聲音

這個部分應該比較容易理解，只要雙方，或是任何一方擁有視訊或聲音的軟硬體、就可以將自己的影像聲音傳送給對方，然後或是做一些猥褻的動作、或是說一些煽情的話語，讓對方達到性的興奮，這種就像是網路的0204，常常利用於一些色情網站之中，身材與容貌姣好的男女在電腦前袒胸露背，致使許許多多的網友甘心拿大把大把的銀子（加入會員費用）往裡面丟，為的就是滿足個人偷窺的慾望及快感，甚至進行一對一的對談或是表演服務，也讓很多愛好此道的男女趨之若鶩（當

然還是男生佔絕大多數囉）。

文字呈現

也許有些人不知道文字也能做愛，但是這部分的網交可比影像聲音的人數要多得多了，因為這樣的網交有幾種特性：

一‧電腦配備需求不高：畢竟有影音軟硬體的網友還是少數。

二‧方便快速使用：只要敲擊鍵盤打字即可，無須其他的技巧。

三‧長得再醜都不怕：許多人的重點在這裡，因為網交最大的特點就在想像，誰會願意讓人家知道自己是隻大恐龍，取個帥哥美女的名字，對方就會自己去想像了。基於以上幾種原因，文字網交大行其道，許多網友也樂在於此。

曰仔認為，網愛、網交可能是網路上一個比較畸形的發展，兩個不相識的人在網路上翻雲覆雨、行魚水之歡，或許有時候大家是基於好玩、好奇而去嘗試，但是要想清楚唷，很多東西是不能隨便亂玩的，像是一堆網路之狼或是有人受不了去強暴無辜的人，所以網路上的情色，還是越少越好，讓網友乾淨又單純，簡簡單單就像一般的好朋友一樣的發展，這樣不是很好嗎？

網路心感受——曰說

近年來，網路幾乎已變成家家戶戶必有的標準配備之一，慢慢地它也開始取代人與人之間相處的最後界線，網路的便利與即時，讓朋友間完全不用見面，不論你身在何處，都可以得到朋友的關心，當然這是網路帶來的好處，但別忘了，人是情感的動物，面對一台冰冷的電腦，即使知道網路裡有很多的好朋友，實體的生活還是不能少的。

有人把網路當成一種逃避的工具，逃避現實中的不滿、不受歡迎、不被注意、甚至不尊重，但在網路中的交友世界，他得到一切、受到尊重、受到注意、受到歡迎，不過曰仔還是要強調，再怎麼樣，網路是延伸自己的世界，而不是侷限自己的空間，外面現實的世界才是你生活的天地。

我們祝福因網路變成好朋友，甚至促成好姻緣的網友們，恭喜你們在網路中找到自己的一片天。

我們也祝福迷失在網路世界中的男男女女，能認清自己要的是什麼，缺的是什麼，說不定，你身邊已經擁有許許多多的幸福，只是自己從來不留心，不去注意罷了！

祝福所有的網路人！

附錄

——網路用語檢索表

網路用語粉重要喔！
表錯情的下場就和我
一樣！

網路用語～符號表情篇

(^_^)	微笑	~~>o<~~	大聲哭
(^.^)	少女般的笑	(6_6)	興奮
(^o^)	哈哈大笑	(~*o*~)	開心
(*∩_∩*)	可愛笑容	*\(^_^)/*	加油
(^_*)	眨眼	p(^o^)q	加油
(^_<)	擠眉弄眼	*\(^v^)/*	拿彩球
.^_^.	小酒窩	w(^o^)w	萬歲
(~_~)	生氣	(+_+)	昏倒
\(>o<)/	氣死了	(x_x)	昏倒
(~>_<~)	氣到掉眼淚	(@.@)	混淆了
(-_-)#	氣到冒青筋	(@_@)	眼花
(>"<)	皺眉頭	(⊙o⊙)	目瞪口呆
Y('o')Y	抓狂	(o.O)	被嚇到
(>c<)	哀嚎	(-.-)	沒反應
(>o<)	大叫	(e_e)	想睡、很冷
(>_<)	痛苦	(-_-)	睡著了
(/_\)	沮喪	(∪.∪)…zzz	打呼嚕
(T_T)	流淚	(3_3)	剛睡醒
(Y_Y)	哭泣	(9_9)	好想睡哦
.>_<.	想哭	(x_x)	死了

($_$)	貪心	)_(	胖
($.$)	見錢眼開	>(<	不依啦
('o')	哀求	(6_9)	暈頭轉向
(V_V)	眼睛脫窗	(9_6)	快瘋了
(‧ ‧)	請問	x~x	慘了
(‧_‧ ?)	什麼事哟	~o~	唱歌
(=ˋˊ=)	幹嘛啦	m(__)m	低頭
(-__-)b	你麻幫幫忙	f(^_^)	這樣啊
(?_?)	有疑問	(^__^)y	yaya
d(^ ^)	暫停一下	(→_→)	你是誰
@~(~@	震驚	(-__-)y--	抽煙
(b-d)	戴眼鏡	(‧ Q ‧)	扮鬼臉
'('	擺臭臉	\(^▽^)/	哦嗨呦
(^(^)	很開心	(^_^A；)	擦汗
-(-	被發現了	(>_<)}}	好冷哦
?(?	趾高氣昂	((o(^_^)o))	好期待
(^3^)	親一個	(#^.^#)	幸福嗎
(*^.^*)	微醺	(○^~^○)	幸福ㄋㄟ
(@^^@)	臉紅了	o(^^)o	呀比
(OlO)	鹹蛋超人	(((((((^^;	快逃呀

網路用語～數字諧音篇

02	抗議（台語）		534	我相信
50	沒空（台語）		546	我輸了
000	需要吻		550	我不對
034	你想死		584	我發誓
56	無聊		592	我很餓
79	智障		596	我走了
74	KISS		657	對不起
098	你走吧		721	親愛的
168	一路發		753	吃午餐
184	一輩子		765	去跳舞
199	緊急回電		770	親親你
250	無厘頭		788	吃飽飽
260	暗戀你		865	別惹我
282	餓不餓		880	抱抱你
438	死三八		881	掰掰咿
456	是我啦		886	拜拜囉
469	死老猴（台語）		974	小騎士炸雞店
514	沒意思		0487	你是白痴
520	我愛你		1314	一生一世
530	我想你		2013	愛你一生

2030	(八點半)愛你想你	19420	依舊是愛你
2037	為你傷心	59420	我就是愛你
2099	愛你久久	54088	我是你爸爸
2266	零零落落（台語）	0564335	你無聊時想想我
2456	餓死我了	535172306	我想我已經愛上你了
3406	想死你了		
3456	相思無用		
5871	我不介意		
6868	溜吧溜吧		
7319	天長地久		
7666	起來尿尿		
7878	去吧去吧		
7988	去走走吧		
8006	不理你了		
8206	不愛你了		
8309	不想你走		
8916	王八蛋（日語）		
9089	求你別走		
04378	你是神經病		
08376	你別生氣了		

網路用語～注音諧音篇

ㄅ	吧	ㄦ	而、兒
ㄇ	麼、嗎	ㄅㄧㄤˋ	勁爆、炫、霹靂
ㄉ	的	ㄌㄚㄌㄟ	閒聊
ㄋ	呢	ㄌㄧㄠˇ	瞭解
ㄌ	啦、了	ㄋㄟ	（語助詞）
ㄍ	個、歌	ㄍㄧㄥ	矜持、逞強、撐
ㄎ	課	ㄒㄩㄝ	遜、丟臉
ㄏ	呵	ㄎㄧㄤ	偷
ㄓ	知	ㄏㄚˋ	垂涎、想要、哈
ㄔ	吃	ㄏㄤ	熱門的意思
ㄚ	呀，啊	ㄘㄨㄚ	時髦
ㄛ	喔	ㄘㄟ	（語助詞）
ㄜ	（語助詞）		
ㄝ	（語助詞）		
ㄞ	哎		
ㄟ	（語助詞）		
ㄠ	枕		
ㄡ	喔，哦		
ㄢ	啦 安啦		
ㄣ	嗯		

網路用語～姓名諧音篇

陳水	欠扁
柯林頓	K一頓
莊孝偉	裝瘋子
飛利浦	電燈泡
吉普賽	一坨屎
甘迺迪	好像豬（台語）
小阿姨	正點女生（歐蕾廣告）
東方不敗	性別難分
哈姆雷特	聽不懂
愛國詩人	旱鴨子（屈原投河淹死）
宮本美代子	根本沒代誌
英英美代子	閒閒沒代誌
利瑪竇幫幫忙	你也來幫幫忙
阿力馬幫幫忙啊	你嘛幫幫忙（加強版）
柴契爾牌的啦	菜市場（台）

網路用語～英文諧音篇

A	不勞而獲	FDD	肥嘟嘟
K	打	ILU	I love you
THS	道謝Thanks	FBI	粉悲哀
LM	辣妹	BPP	白泡泡（台語）
BF	男朋友	AKS	會氣死（台語）
GF	女朋友	MGG	醜斃了（台語）
UK	幼齒	IDK	不知道I don't know
cc	嘻嘻	IDM	不在乎I don't matter
SYY	爽歪歪	OIC	喔！我瞭解Oh,I see
CBA	酷斃了	ATOS	會吐死
CKK	死翹翹	taxi	太可惜
LKK	老扣扣	UKLM	幼齒辣妹
OBS	歐巴桑	SGB	神經病的台語（英文）
OGS	歐吉桑	O.P Site	挖鼻屎
LOA	老芋仔	PMPMP	拼命拍馬屁
LPT	路邊攤	KTV	K你一頓T你一腳再比V字形的勝利手勢
SDD	水噹噹	BMW	長舌婦Big Mouth Woman
PMP	拍馬屁	IBM	國際大嘴巴International Big Mouth
SPP	俗斃了	Doctor Lu	很魯（煩人）的人
PDG	皮在癢	Morning Call	模擬考
TMD	他媽的		

網路用語～其他諧音篇

拗	扭轉	吐糟	扯後腿
水	漂亮	馬吉	死黨
切	ㄘㄟˋ（語助詞）	鎚仔	男朋友
啵	吻	七仔	馬子
哈妮	親愛的	畢魯	啤酒
無采	可惜	初蕊	滑下去、放手一搏
爬帶	腦袋壞掉	凍蒜	當選
甲意	喜歡	歹勢	對不起
潘仔	冤大頭	鬱卒	心情不好
啥米	什麼	凸槌	出錯
駕車	飆車	犁田	出車禍
漢草	體格	白目	不識相
澎風	吹牛	三小	什麼事
暗砍	私藏	鬥陣	夥伴
起笑	發瘋	靠背	喪父
奧斗	出局	哭餓	鬼叫，囉唆
熊熊	突然	金排球	真難笑
騙肖	騙人	無理貓	沒禮貌
閉俗	害羞	乒乓球	嚇嚇叫（台）
肉腳	沒用	橘子店	雜貨店

好野人	有錢人	啊優啉	你確定（Are you sure）
好家在	幸好	好麻薯	多少錢（how much）
釘孤支	單挑	牛沒奶	早安（good morning）
碎碎唸	嘀咕嘮叨	單腳拉屎	危險（dan-gerous）
路必達	路邊攤	羅曼蒂克	流氓豬哥
歐嗨喲	早	一元垂垂	笨笨的
奇蒙子	心情	猴死囝仔	死孩子
逮就捕	沒問題	阿三不魯	亂七八糟
紅豆泥	真的嗎	阿尼	ㄍㄧ 大哥
卡哇伊	好可愛	無言獨上枝頭	沒有話和你這豬頭（枝頭）講
扛八袋	加油喔		
虛拉拉	累死	沒山小路用	沒用
米苔目	你白目		
蛋G	當機		
麥嘎	我的天啊（My GOD）		
壞？壞？	Why？		
泥巴	媽的（泥巴英文Muddy）		
補血	胡扯（Bullshit）		
保0	無聊（boring）		
別GAY	別假了		

網路用語～縮寫篇

作家	坐在家裡
中油	中國無業遊民
天使	天上的狗屎
天才	天生的蠢材
可愛	可怕沒人愛
聰明	沖廁所第一名
賢慧	閒閒什麼都不會
隨合	隨便說說就一言不合
愛心	愛錢又沒良心
打炮	打牌泡茶
舒跑	賭輸跑路
炮友	泡茶請朋友
人類	人渣＋敗類
可怖	可怕＋恐怖
100分	38＋49+十三點
3p	pig豬poor差勁poud傲慢
蛋白質	笨蛋＋白痴＋神經質
長得不錯	長得那麼醜，一定不是她的錯
前凸後翹	小腹前凸 小腿蘿蔔後翹
歐氏宗親會	歐巴桑和歐吉桑的集合名詞

網路用語～走音篇

粉	很
偶	我
泥	您
素	是
肥	回
粗	吃、出
醬	這樣
釀	那樣
企	去、氣
學校	衰小（台）
鞋妹	學妹
童鞋	同學
監介	尷尬
3Q	謝謝你（Thank you）
了改	瞭解

網路用語～延伸篇

123	木頭人（小孩的遊戲）	打鼓	抽煙	
286	比喻跟不上時代 落伍了（舊電腦機種）	刨冰	不爽	
		吃冰	吃安非他命	
729	不來電（七月二十九日 晚上全台大停電）	茶包	麻煩（Trouble）	
		燒餅	很騷的女生	
815	粉擦非常厚的女人 （水泥漆）	油條	很花的男生	
		芝麻	很煩人	
07734	HELLO（倒著看）	芭樂	不上道	
909090	go!go!go!	圍爐	打群架	
正點	很美	玻璃	屁股	
馬子	女朋友	條子	警察	
美眉	漂亮小姐	噴子	手槍	
很閃	很囂張	嗝屁	完蛋了	
很Q	很可愛（cute）	機車	龜毛、GGYY	
辣馬	漂亮小姐	火車	比機車更機車	
大船	正牌女友	漢奸	背叛友人	
船長	搞外遇的人	爐主	考試最後一名	
小船	外遇女友	顧爐	考試倒數第二名	
打屁	聊天	扛爐	考試倒數第三、四名	
洗胃	喝飲料	耍笨	白痴	

豬頭	笨、遜	蜥蜴	很醜的男生
機毛	機車加龜毛	通心粉	虛有其表（沒內涵）
養呆	越來越白痴	拖油瓶	專門扯人後腿
小白	白目	小密馬	外面偷養的馬子
打鐵	凸槌	小美人	小時候是美人
阿姑	大嘴醜女	花木蘭	沒長胸
小明	車禍界的常客	技安妹	又醜又胖的女生
老闆	形容老是板著臉	小桃子	很正點的女老師
水面	自以為美麗	陳經理	豬頭
乳牛	靠（cow）	椰子殼	胸罩
台客	很俗的人	方塊酥	衛生棉
解high	講話很冷	小雨衣	保險套
耍敗	沒二下就搞砸了	小籠包	裝可愛
電話	欠人打	抓娃娃	墮胎
進香	抽煙	巧克力	檳榔
爬牆	紅杏出牆	種草莓	吻痕
校花	校門口賣豆花	搓麻糬	交女朋友
泡麵	大補帖（盜版光碟）	做蛋糕、種芋頭	上大號
大刀	很會當人的老師		
恐龍	醜又胖的女生	洗耳朵	聽音樂

洗眼睛	看電影	上午夜場	打KISS
壓馬路	逛街	番茄炒蛋	他媽的混蛋
交學費	打電動	香蕉芭樂	鬼扯
擦地板	跳舞	起床失敗	睡過頭
插旗子	把風	三好加一好	死好（四好）
潛水艇	沒水準	茅太太的家	廁所
簽帳卡	男朋友	亂屌一把的	很厲害
打棒球	上大號	給你彩色筆	給你顏色瞧瞧
皮卡丘	很會放電	松下問童子	你老師咧
史努比	死路邊	兩隻日光燈	兩光（台）不牢靠
趴趴熊	懶人	頭殼在賽跑啊	腦袋裝屎啊
手提箱	成績拿丙等	給一座五指山	打一巴掌
水昆族	很混	皮卡丘的弟弟	皮在癢
等一下	稍候（騷貨）	史努比的弟弟	stupid
漲停板	行情看好	柯南的表哥	胡南（虎爛）
進苦窯	監獄	請你穿 HANG TEN	踹你兩腳
大四叉	爽		
超級雙頻	超級平胸	我要去 大使館上班	上大號
蘋果麵包	衛生棉		
紅不讓	全壘打、打砲		

國家圖書館出版品預行編目資料

恐龍蜥蜴ㄟ罔愛：BBS兩性白皮書／曰仔著.
— 初版— 臺北市：
大塊文化，2002 [民 91] 面： 公分. (catch：51)

1.兩性關係　　2.網際網路

ISBN　986-7975-48-0(平裝)

544.7　　　　　　　　　91013716

大塊文化 讀者回函卡

謝謝您購買這本書，為了加強對您的服務，請您詳細填寫本卡各欄，寄回大塊出版 (免附回郵) 即可不定期收到本公司最新的出版資訊。

姓名：_____ **身分證字號**：_____

住址：_____

聯絡電話：(O)_____ (H)_____

出生日期：_____年_____月_____日 E-mail:_____

學歷：1.□高中及高中以下 2.□專科與大學 3.□研究所以上

職業：1.□學生 2.□資訊業 3.□工 4.□商 5.□服務業 6.□軍警公教
7.□自由業及專業 8.□其他_____

從何處得知本書：1.□逛書店 2.□報紙廣告 3.□雜誌廣告 4.□新聞報導
5.□親友介紹 6.□公車廣告 7.□廣播節目 8.□書訊 9.□廣告信函
10.□其他_____

您購買過我們那些系列的書：
1.□Touch系列 2.□Mark系列 3.□Smile系列 4.□Catch系列
5.□tomorrow系列 6.□幾米系列 7.□from系列 8.□to系列

閱讀嗜好：
1.□財經 2.□企管 3.□心理 4.□勵志 5.□社會人文 6.□自然科學
7.□傳記 8.□音樂藝術 9.□文學 10.□保健 11.□漫畫 12.□其他_____

對我們的建議：_____
_____
_____

LOCUS

LOCUS

LOCUS

LOCUS